(北魏)酈道元　注

明鈔本水經注

第五册

國家圖書館出版社

第五册目録

水經卷第十九

桑欽撰　　酈道元注

渭水下

渭水又東過槐里縣南又東澇水從南來注

渭水逕縣之故城南漢書集注李奇謂之小槐里之西城也又東與芒水枝流合水受芒水於竹圃東北流又屈而入于渭

渭水又東北逕黄山宫南

即地理志所云縣有黄山宫惠帝三年起者也東方朔傳曰武帝微行西至黄山宫故世謂之游城非也

就水注之

水出南山就谷北逕大陵西世謂之老子陵昔李老為周柱史以世衰入戎於此有冢事非經證然莊周著書云老子死秦佚三號是非不死之言人稟五行之精氣陰陽有終变亦無不化之理以是推之或復如傳古人許以傳疑故兩存耳就水歷圃北與黒水合上承三泉就水之右三泉之奇發言歸一瀆北流左逕就水就水又北流注于渭

渭水又東合田溪水

水出南山田谷北流長陽宮西又北逕盩厔縣故城西又東北與一水合水上承盩厔南南泉北逕

其縣東又北逕思鄉城西又北注田溪田溪水又北注流于渭水也縣苑有蒙籠源上承渭水於郿縣東逕武功縣為成林源東逕縣苑亦曰雲軹源河渠以引堵水徐廣曰一作諸水是也

渭水又東逕槐里縣故地南

縣古太丘邑也周赧王都之秦以為廢丘亦曰舒丘和平元年桓帝封戶左中郎將皇甫嵩為侯國縣南對渭水北背通渠史記秦本紀云秦武王三年渭水赤三日秦昭王十四年渭水又大赤三日鴻範五行傳曰赤者火色也水盡赤以火沴水也渭水秦大川也陰陽亂秦用嚴刑敗亂之象後項

羽入秦封司馬欣為塞王都櫟陽董翳為翟王都
高奴章邯為雍丘王居槐里為三秦漢祖北定三
秦引水灌城遂滅章邯三年改曰槐里王莽更名
槐治也世謂之為大槐里晉太康中始平郡治也
其城遞帶防陸舊渠尚存即漢書所謂槐里環隄
者也東有涌水出南山赤谷東北流逕長楊宮東
宮有長楊樹因以為名漏水又北逕葦圃西亦謂
之仙澤又北逕望仙宮又東北耿谷水注之水發
南山耿谷北流與柳泉合東北逕五柞相去八里
並以樹名宮亦由陶氏以五柳立稱故張晏曰宮
有五柞樹在盩屋縣西其水北逕仙澤東北又逕

望仙宮東又北與赤水會又北逕思鄉城東又北注渭水

渭水又東合甘水

水出南山甘谷北逕秦文王萯陽宮西又北逕五柞宮東又北逕甘亭西在水東鄠縣昔夏啓伐有扈作誓於是亭故馬融曰有扈甘南郊地名也甘水又東得澇水口水出南山澇谷北逕漢宣春觀又東北逕鄠縣故城西澇水際城北出合美陂水水出宜春觀北東北流注澇水北流入于渭即上林故地也東方朔稱武帝建元中微行北至池陽西至黃山南獵長楊東遊宜春夜漏十刻乃出於侍中常侍武騎待詔及隴西北地良家子能騎射

者期諸殿下故有期門之號旦明入山下馳射鹿豕狐兔手格熊羆上大驩樂之上仍使太中大夫虞丘壽王與待詔能用筭者舉措阿城以南盩厔以東宜春以西提封頃畝及其賈直屬之南山以為上林苑東方朔諫秦起阿房而天下亂因陳泰階六符之事上乃拜太中大夫給事中賜黃金百斤卒起上林苑故相如請為天子遊獵之賦稱烏有先生立是公而奏上林也

又東豐水從南來注之

他說云渭水又東與豐水會于短陰山內水會無他高山異巒所有唯原阜石激而已水上舊有便

門橋武帝建武三年造張昌曰邪在長安西北茂陵東如淳曰去長安四十里渭水又逕太公廟北前有太公碑文字褫缺全無可尋

渭水又東北與鄗水合

水上承鎬池於昆明池北周武王之所都也故詩云考卜維王宅是鎬京維龜王之武王成之自漢帝穿昆明池於是地基構淪褫今無可究春秋後傳曰使者鄭客入伯谷關至平舒置見華山有素車白馬問鄭客安之荅曰之咸陽過鎬池曰吾華山君使願託書致鄗池君子之咸陽過鄗池見大梓下有文石取以款列梓當有應者以書與之勿

妄發致之得所欲鄭客行至鄗池見一梓下果有文石取以報梓應曰諾鄭客如睡覺而見宮闕若王者之居焉謁者出受書入又見頃開謹聲言祖龍死神道茫昧理難辯測故無以精其幽致矣鄗水又北流西北注與彪池合水出鄗池西而北流入于鄗毛詩云彪流浪也而世傳以為水名矣鄭玄曰豐鎬之間水北流也鎬水北逕漢雲臺西又逕磁石門西門在阿房前悉以磁石為故專其目令四夷朝者有隱甲懷刃入門而脅之以示神故亦曰却胡門也鎬水又北逕于渭渭水北有杜郵亭咸陽十七里今名孝里亭中有白起祠嗟乎有

制勝之功慙尹商之仁是地即其伏劍處也

渭水又東北逕渭城南

文穎以為故咸陽矣秦孝公之所居離宮也獻公都櫟陽天雨金周太史儋見獻公曰周故與秦國合而别别五百歲復合合七十歲而霸王出至孝公作咸陽築冀闕而徙都之故西京賦曰秦里其霸寔為咸陽太史公曰長安故咸陽也漢高帝更名新城武帝元鼎三年别為渭城在長安西北渭水之陽王莽之京城也始隸扶風後幷長安

而沈水注之

其水上承皇子陂於樊川其地即杜之樊鄉也漢

祖至櫟陽以將軍樊噲灌廢丘最賜邑於此鄉也其水西北流注杜縣之杜京西西北流逕杜伯冢南杜伯與其友左儒杜宣王儒無罪見害杜伯死之終能報恨於宣王故成公子安五言詩曰誰謂鬼無知杜伯射宣王泬水又西北逕下杜城即杜伯國也泬水又西北支合故渠渠有二流上承交水合於高陽原而北逕河池陂東而北注泬水泬水又北與昆明故池會又北逕秦通六基東又北逕堨水陂東又北得陂承其陂東北流入于泬水泬水又北逕長安城西與昆明池水合水上承池於昆明臺故王仲都所居也桓譚新論稱元帝被

病廣求方士漢中送道士王仲都詔問所能對曰
能忍寒暑乃以昆明池上環水而馳御者厚衣狐
裘寒戰而仲都獨無變色卧於池臺上暉然自若
夏大暑日使曝坐環以十爐火不言熱又身不汗
池水北逕鎬京東秦阿房宮西史記曰秦始皇三
十五年以咸陽之人多先王之宮小乃作朝宮於
渭南亦曰阿城也始皇先作前殿阿房可坐萬人下
可建五丈旗周為閣道自殿直抵城南山表山嶺
為闕為複道自阿房度渭屬之咸陽象天極閣道
漢抵營室也闕中記曰阿房殿在長安西南二十
里殿東西千步南北三百步庭中受十萬人其水

又屈而逕其北東北流注揭水陂陂水北出逕漢武帝建章宮東於鳳闕南東注泬水又北逕鳳闕東三輔黃圖曰建章宮漢武帝造周二十餘里千門萬戶其東鳳闕高七丈五尺俗言貞女樓非也漢武帝故事云闕高二十丈闕中記曰建章宮圓闕臨北道鳳在上故號鳳闕故繁欽建章鳳樓闕賦曰秦漢禎模廓與毀泯唯建章鳳闕巋然獨存雖非象魏之制亦一代之巨觀也泬水又北分為二水一水東北流一水北逕神明臺東傳子宮室曰上於建章中作神明臺井幹樓咸高五十餘丈皆作懸閣輦道相屬焉三輔黃圖曰神明臺在建

章宮中上有九室今人謂之九子臺而即實非也泬水又逕漸臺東漢武故事曰建章宮北有太液池池中有漸臺三十丈南有璧門三層高三十丈有南璧十門餘太中殿十二間階陛咸以玉為之鑄銅鳳五丈飾以黃金樓屋上椽首薄以玉璧因曰璧玉門也泬水又北流注渭亦謂是水為潏水也故呂忱曰潏水出杜陵縣漢書音義曰潏水聲而非水也亦曰高都水前漢之末五侯王氏大治池它都水入長安城故百姓歌之曰五侯初起曲陽最怒壞決高都竟連五杜上 山漸臺像西白虎即是水也

又東過長安縣北

渭水東分為二水廣雅曰水自渭出為澩其由河之有雍也此瀆東北流逕魏雍州刺史郭淮南碑又東南合一水逕兩石人北秦始皇造橋鐵鐓重不勝故作力士孟賁等像以祭之鐓乃可移動也又東逕候陽祠北漲輒祠之此神能為大波故配食河伯也後人以為鄧艾祠悲哉讒勝道消專忠受害矣渭水又東注此水水上有梁謂之渭橋秦制也亦曰便門橋秦始皇作離宮於渭水南北以象天宮故三輔黃圖曰渭水貫都以象天漢橫橋南度以法牽牛橋廣六丈南北二百八十步六十

八間七百五十柱北馮翊立之有一百二十二梁
橋之南北有隄激立石柱柱南京兆立之柱北馮
翊立之有令丞各領徒一千五百人橋之北首壘
石水中舊有忖留神象此神嘗與魯班語班令其
人出忖留曰我貌狼醜鄉善圖物容我不能出班
於是拱手與言曰出頭見我忖留乃出首班於是
以脚畫地忖留覺之便還没水故置其象於水唯
背以上立水上後董卓入關遂焚此橋魏武帝遂
更修之橋三丈　　尺忖留之像曹公乘馬見之驚又
命下之燕丹子曰燕太子丹質於秦秦王遇之無
禮乃求歸秦王為機發之橋欲以陷丹丹過之橋

不爲發又一説交龍扶轝而機不發但言令不知
其故處矣

渭水又東與沈水枝津合

水上承沈水東北流逕鄧艾祠南又東分爲二水
一水東入逍遥園注藕池池中有臺觀蓮荷被浦
秀實可翫其一水北流于渭

渭水又逕長安城北

漢惠帝元年築六年成即咸陽也秦離宮無城故
城之王莽更名常安十二門東出北頭第一門本
名宣平門王莽更名春王門正月亭亦曰東城門
其郭門亦曰東都門即逢萌挂冠處也第二門本

名清明門一曰凱門王莽更曰宣德門布恩亭内
有籍田倉亦曰籍田門第三門本名霸門王莽更
名仁壽門無疆亭民見門色青又名青城門或曰
青綺門亦曰青門門外舊山好瓜昔廣陵人邵平
秦東陵侯秦破為布衣種瓜北門瓜美故世謂之
東陵瓜是以阮籍詠懷詩曰昔聞東陵瓜近在青
門外連畛拒阡陌子母相鉤帶指謂此門也南出
東頭第一門本名覆盎門王莽更名永青門長茂
亭其南有下杜城應劭曰故杜陵之下聚落也故
曰下杜門又曰端門北對長樂宮第二門本名安
門亦曰鼎路門王莽更名光禮門顯樂亭即西安亭

北對未央宫本名平門王莽更名信平門城正亭
西出南頭第一門本名章門王莽更名萬秋門億
年亭亦曰故光畢門也又曰便門弟二本名直門
王莽更名直道門端路亭故龍樓門也張晏曰門
樓有銅龍三輔黃圖曰長安西出弟二門即此門
也弟三門本名西城門亦曰雍門王莽更名章義
門著誼亭其水北入有函里氏名曰函里門又曰
光門亦曰突門北出西頭弟一門本名横門王莽
更名霸都門左幽亭如淳曰音光故曰光門其外
郭有都門有棘門徐廣曰棘門在渭北孟康曰在
長安北秦時宫門也如淳曰三輔黃圖曰棘門在

横門外按漢書徐厲軍於此備匈奴又有通門亥
門也其第二門本名洛門又曰朝門王莽更名建子
門廣世亭一曰高門蘇林曰高門長安城北門也
又逕觀愚之山北流入于渭渭水又東西石橋水
南出馬嶺山積石據其東麗山距其西源西上通
懸流數十與華岳同體其水北逕鄭城西承上有
橋橋雖崩褫舊跡猶存東去鄭城十里故世以橋
名水也而北流注于渭闞駰謂之新鄭水渭水又
東逕鄭縣故城北史記秦武公十年縣之桓公友
之故邑也漢書薛瓚注言周自穆公已下都於西
鄭不得以封桓公也幽王既敗虢儈又滅遷居其

地國于鄭父之丘是為鄭桓公無封京兆之文余按遷史記考春秋國語世本言周宣王二十二年封庶弟友於鄭又春秋國語並言桓公為周司徒以王室將亂謀於史伯而寄孥與賄於虢儈之間幽王宮於戲鄭桓公死之平遷鄭武公輔王室滅虢儈而兼其土故周桓公言於王曰我周之東遷晋鄭是依及遷封於彼左傳隱公十一年鄭莊公孫獲曰吾先君新邑於此其能與許爭乎是其指新鄭為言矣然班固應劭鄭玄皇甫謐裴頠王隱闞駰及諸述作者咸以西鄭為友之始封也賢於薛瓚之單說也無宜違正經而從逸錄矣赤眉樊

崇於郭北渠壇祀景王而尊右旋平史劉侠鄉牧
牛兒盆子為帝年十五被髮徒跣為具絳單衣半
頭赤幘直綦履見衆人拜恐急啼號年建世後月
餘乘白蓋小車與崇及尚書一人相隨向鄭北渡
渭水即此處也城南山北有五部神廟東南向華
岳廟前有碑後漢光和四年鄭縣令河東裴畢字
君先立蘇林曰戲邑名在新東南三十里孟康曰
乃水名也今戲亭是也昔周幽王悦褒姒姒不笑
王乃擊鼓舉烽以徵諸侯至無寇褒姒乃笑王甚
悦之及犬戎至王又舉烽以徵諸侯諸侯不至遂
敗幽王於戲水之上身死於麗山之北故國語曰

幽滅者也漢成帝建始二年造延陵為初陵以為
非霸曲亭南更營之鴻嘉元年於新豐戲鄉為昌
陵縣以奉初陵永始元年詔以昌陵卑下客土疏
悪不可為萬歲居其罷陵作令吏民反故徙將作
大匠解延年燉煌閔中記曰昌陵在霸城東二十
里取土東山與粟同價所廢巨萬積年無成即此
處也戲水又北分為二水並注渭水水又東泠水
入焉水南出肺浮山蓋驪山連麓而異名也北會
三川統歸三谿歷新豐新豐兩原之間北流注于
渭渭水又東首水南倒虎山南總五水單流注逕
秦步宮高東世名立市城歷新豐原東而北逕步

壽宮西又北入渭渭水又東得西陽水又東得東
陽水並南出廣鄉原北垂俱北入渭渭水又東石
橋水會故沈水也水南出馬嶺山北流逕武平城
東按地理志左馮翊有武城縣王莽之栢城也石
橋水又逕鄭城東水有故石梁述仙記曰鄭城東
十四里各有石梁者也又地逕沈城北漢書地理
志左馮翊有沈陽縣王莽更之曰制昌也蓋藉水
以取稱矣渭水又東敷水注之水南出石山之敷
谷北逕告平城東耆舊所傳言武王伐紂告太平
於此故城得闕名非所詳也敷水又北逕集靈宮
西地理志曰華陰縣有集靈宮武帝起故張昶華

嶽碑稱漢武慕其靈築宮在其後而北流注于渭渭水又東餘水注之水南出良餘山之陰北流入于渭俗謂之宣水也渭水又東合黃酸之水世名之為于渠水水南出升山北流注于渭渭水又東逕平舒城北城側枕渭濱半破淪水南面通衢昔秦始皇之將亡也江神素車白馬道華山下返璧於華陰平舒道曰為遺鎬池君使者致之乃二十八年度江所沈璧也即江神返璧處也渭水之陽即懷德縣界也城在渭水之北沙苑之南即懷德縣故城也世謂之高陽城非矣地理志曰禹貢北條荊山在南山下有荊渠即夏后鑄九鼎處也王

莽更縣曰惡睢渭水又東逕長城北長澗水注之
水南出太華之山側長城東而北流注于渭水更
記秦孝公元年楚魏與秦接界魏築長城自鄭濱
洛者也

又東過華陰縣北

洛水入焉闞駰以為漆沮之水焉曹瞞傳曰操與
馬超隔渭水每渡渭輒為超騎所衝突地多沙不
可築城婁子伯說今寒可起沙為城以水灌之一
宿而成操乃多作縑囊以運水夜渡作城立於是
水之次也渭水逕縣故城北春秋之陰晋也秦惠
文王五年改曰寧秦漢高帝八年更名華陰王莽

之華擓也縣有華山山海經曰其高五十仭削成而四方遠而望之又若華狀西南有小華山也韓子曰秦昭王令工施鈎梯上華山以節柏之心為愽箭長八尺棋長八寸而勒之曰昭王常與天神愽於是神仙傳曰山中衛叔卿甞乘雲車駕白鹿見漢武帝帝将臣之叔卿不言而去武帝海求得其子度世令追其父度世登華見父與數人愽於石上勑世令還山山層雲秀故能懷靈抱異耳山上有二泉東西分流至若山雨猥拜洪津泛灑掛溜騰虛直瀉山下有漢魏文帝三廟廟有石闕數碑一碑是建安中立漢鎮遠将軍段煨更修祠堂

碑文漢給事黄門侍郎張昶造昶自書之元帝又
刊其二十餘字二書存重名傳於海内又刊傳中
司隷校尉鍾繇弘農太守毋丘儉姓名廣六行鬱
然循平是太康八年弘農太守河東衛叔始為華
陰令河東裴仲恂後其逸力修立壇廟引道樹栢
迄于山陰事見永興元年華百石所造碑渭水又
東沙渠水注之水出南山北流西北入長安城城
自華山北逕于河華嶽銘曰秦晋争其祠立城建
其左者也郭著述仙記指證魏之立長城長城在
後不得言在斯為非矣渠水又北注入渭渭水又
東逕定城北西征記曰城因原土述仙記曰定城

去潼關三十里夾道各一城渭水又東泥泉水注之水出南山靈谷而泉北流注于渭水也渭水又東合沙溝水水即符愚之水也南出符石迳新豐縣故城北東與魚池水會水出麗山東也水本導源東流後秦始皇葬於山北水過而曲行東注北轉始皇造陵取土其地汙深水積成池謂之魚池池在秦王陵東北五里周回四里池水西北流迳始皇冢北秦始皇大興厚葬營建冢壙於麗戎之山一名藍田其陰多金其陽多玉始皇貪其美名因而葬焉斬山鑿石下涸三泉以銅為槨旁行周迴三十餘里上畫大文景宿之備下以水銀為四

瀆百川五嶽九州具地理之勢宮觀百官竒器珍寶充滿其中令匠作機弩有所穿近輙射之以人魚膏為燈燭取其不滅者久之後宮無子者皆使殉葬甚衆墳高五丈周廻五里餘作者七十萬人積年方成而周章百萬之師已至其下乃使章邯領作者以禦難弗能禁項羽入關發之以三十萬人三十日運物不能窮關東盗賊銷槨取銅牧人尋羊燒之火延九十日不能滅北對鴻門十里池水又西北流水之西南有温泉世以療疾三秦記曰麗山西北有温水祭則得入不祭則爛人肉俗云始皇與神女唾之生瘡始皇謝之神女為出温

水後人因以燒洗瘡張衡溫泉賦序曰余出麗山
觀溫衆浴祓并嘉洪澤之普施乃為之賦云此湯
也不使灼人形體矣池水又逕鴻門西又逕新豐
縣故城東故麗戎地也高祖王關中太上皇思東
歸故象舊里制茲新邑立城社樹枌榆令街庭若
一分置豐民以實茲邑故名之為新豐也漢靈帝
建寧三年改為都鄉封段熲為侯國後立陰槃城
其水際北城出謂是水為陰槃水又北絕漕槃溝
注于渭渭水又東逕鴻門北舊大道北下坂下口名
也古有鴻寧漢書高祖將見項羽楚漢春秋曰項
王在鴻門亞父曰吾使人望沛公其氣衝天五色

相繆或似龍或似雲非人臣之氣可誅之漢高祖會項羽范曾目羽羽不應樊噲杖盾撞人入食豕肩於此羽壯之郡國志曰新豐縣東有鴻門亭者也郭緣生或云霸城南門曰鴻門也項羽將因會高祖危高祖羽仁而弗斷范增謀而不納項伯終護高祖以獲免既抵霸上遂封漢王按漢書注門在新豐東十七里則霸上應百里按史記項伯夜馳告張良良與俱見高祖仍使夜返考其道理不容得爾今父老傳在霸城南門數十里於理為得按緣生此記雖歷覽史漢述行涂逕凡可謂學而不思矣今新豐縣故城東三里有坂長二里餘

塹原通道南北洞開有同門汏謂之鴻門孟康言
在新城東十七里無之蓋指縣治而言非謂城也
自新豐故城西至霸城五十里霸城西十里則霸
水西二十里則長安城應劭曰霸水上地名在長
安東二十里即霸城是也高祖舊停軍處東去新
豐既近何惡項伯夜與張良共見高祖乎推此言
之知緣生此紀乖矣渭水又東石川水南注焉渭
水又東戲水注之水出麗山馮公谷東北流又北
逕麗戎城東春秋晉獻公五年伐之獲麗姬於是
邑麗戎男國也姬姓秦之麗邑矣又北右總三川
逕鴻門東又北逕戲亭東應劭曰戲弘農湖縣西

界也地隔諸縣不得爲湖湖西如此一里即李夫
人塚塚形三成世謂之英陵夫人凡延年知音尤
善歌舞帝愛之每爲新聲變曲聞者莫不感動常
侍上起舞歌曰北方有佳人絶世而獨立一顧傾
人城再顧傾人國寧不知傾城復傾國佳人難再
得上曰世豈有此人乎平陽主曰延年女弟上召
見之妖麗善歌善歌舞得幸早卒上憫念之以后
禮葬悲思不已賦詩悼傷故渠又東逕茂陵縣故
城南武帝建元二年置地理志曰宣帝縣焉王莽
之宣成也故渠又東逕龍泉北今人謂之温泉非
也渠北故坂北即龍淵廟如淳曰三輔黄圖有龍

淵宮今長安城西有其處廣䔥宮之遺也故集又東逕姜原北渠北有漢昭帝平陵東南去長安七十里又東逕平陵縣故城南地理志曰昭帝置王莽之廣利也故渠之南有竇氏泉北有徘徊廟又東逕漢大將軍魏其侯竇嬰冢南又成帝延陵南陵之東北五里即平帝康陵坂也故渠又東逕渭陵元年永元四年以渭成壽陵亭原上爲初陵詔不立縣邑又東逕哀帝義陵南又逕文帝安陵南陵北有安陵縣故城也地理志曰惠帝置王莽之嘉平也渠側有杜郵亭又東逕渭城北地理志曰縣有蘭池宮秦始皇微行逢盜於蘭池今不知所

在也又東逕長陵南亦曰長山也三秦記曰長安
城北有平原廣數百里民井汲巢居井深五十丈
秦名天子冢曰山漢曰陵故通曰山陵矣風俗通
曰陵有天生自然者也今王公墳壠稱陵春秋左
傳曰南陵夏后皋之墓也春秋說題辭曰丘者墓
也冢者種也種墓也羅倚於山分卑尊之名者也
渭水又東逕下邽縣故城南秦伐邽置邽戎於此
有上邽故加下也渭水又東與竹水合南出竹山
北逕鄜加谷歷廣鄉原東俗謂之大赤水北流注
于渭渭水又東得白渠口太始二年趙國中大夫
白公奏穿渠引涇水口起谷口出於鄭渠南名曰

白渠民歌之曰由于何所池陽谷口鄭國在前由
渠在後即水所始也東逕宜春城南又東南逕池
陽城北枝瀆出焉東南逕藕原下逕鄗縣故城北
東南入渭今無水白渠又東枝渠出焉東南逕高
陵縣故城北地理志曰左輔都尉治王莽之千春
也太康地記謂之曰高陸也車頻秦書曰符堅建
元十二年高陸縣民穿井得龜大二尺六寸背文
負八卦古字堅以石為池養之十六年而死取其
骨以問吉凶各為客龜太卜佐高魯客龜言我將
歸江南不遇死於秦曾於夢中自解曰龜三萬六
千歲而終終必亡國之徵也為謝玄破於淮肥自

繿新城浮圖中秦祚因即淪矣又東逕櫟陽城北
史記秦獻公二年城櫟陽自雍徙居之十八年雨
金於是處也項羽以封司馬欣為塞王按漢書高
帝関中始都之王莽之師高也後漢建武二年封
驃騎大将軍景丹為侯國丹讓世祖曰富貴不還
故鄉如衣錦夜行故以封鄉白渠又東逕秦孝公
陵北又東南逕居陵城北蓮芍城南又東注金氏
陂又東南注于渭故漢書溝洫志白渠首起谷口
尾入櫟陽是也今無水故渠又東逕漢丞相周勃
塚南冢北有弱夫冢故渠東南謂之周氏曲又東
南逕漢景帝陵南又東南注于渭今無水渭水又

東逕霸縣北與高陵分水水南有定陶恭王廟傳
太后陵元帝崩傳昭儀隨王歸國稱定陶太后後
十年恭王薨子代為王徵為太子太子即帝位立
恭王偈廟北京師北宣帝父悼皇故事元壽元帝
傳后崩合葬渭陵潘岳關中記漢帝后同塋則為
合葬不共陵也諸侯皆如之恭王廟在霸城西北
廟西北即傳太后陵不與元帝同塋渭陵非謂元
帝陵也蓋在渭水之南故曰渭陵也陵與元帝齊
者謂同十二丈也王莽奏毀傳太后塚塚崩壓殺
數百人開棺臭聞數月公卿在位皆阿莽旨入錢
帛遣子弟及諸生四夷凡十餘萬人操持作具助

将作掘傳后塚二旬皆平周棘其處以為世戒令
其處積土猶高世謂之增堾又亦謂之增阜俗亦
謂之成帝初陵處所未詳也渭水又逕平阿侯王
譚墓北塚次有碑左則涇水注之渭水又東逕鄭
縣南盖隴西郡之鄭徙也渭水又東得白渠枝口
又東與五丈渠合水出雲陽縣石門山謂之清水
東南流逕黃嶔山西又南入祋祤縣歷原南出謂
之清水口東南流絶鄭渠又東南入高陵縣逕黃
白城西本曲梁宮也南絶白渠屈而東流謂之曲
梁水又東南逕高陵縣故城北東南絶白渠瀆又
東南入萬年縣謂之五丈渠又逕藕原東東南流

注于渭水
又東過鄭縣北
渭水又東逕峦都城北故藩邑殷契之所居世本
曰契居蕃闞駰曰蕃鄭西然則今峦城是矣俗名
之赤城水曰赤水非也符健入秦據此域以亢杜
洪小赤水即山海之灌水也水出石脃之山北逕
蕭加谷於孤相原西東北流與愚水合出英山北
流與招水相得水亂流西北注于灌灌水又北注
于渭
又東過灞陵縣北霸水從縣西北流注之
霸者水上地名也古曰滋水矣秦穆公霸水更名

滋水為霸水以顯霸功水出藍田谷所謂
多玉者也西北有銅公水次東有輕谷二水合而
西注之又西流入滻水滻水又西逕嶢關北歷柳
嶢城東西有二城魏置清滻軍於城内世亦謂之
清滻城也秦二世三年漢祖入自武關攻秦趙高
遣將距於嶢關者也土地記曰藍田縣南有嶢關
地名嶢柳道通荆州晉地道記曰關當上洛縣西
北滻水又西北流入霸霸水又北歷藍田川逕藍
田縣也竹書紀年梁惠王三年秦子向命為藍君
蓋子向之故邑也川有漢臨江王榮冢景帝以罪
徵之將行祖於江陵北門車軸折老父泣曰吾王

不反矣榮至中尉郅都急切責王王年少恐而自殺葬於是川有鷺數萬銜土置塚上百姓矜之霸水又左合滻水歷白鹿原東即霸川之西故芷陽矣史記秦襄王葬芷陽者也是謂之霸上漢文帝葬其上謂之霸陵上有四出道以瀉水在長安東南三十里故王仲宣賦詩云南登霸陵岸迴首望長安漢文帝嘗欲從霸西馳下峻坂袁盎攬轡於此處上曰將軍怯也盎曰臣聞千金之子坐不垂堂百金之子立不倚衡聖王不乘危今馳不測如馬驚車敗柰高廟何上乃止霸水又北長水注之水出杜縣白鹿源其水西北流謂之荊溪溪水又

西北左合狗枷川水水有二源西川上承磈山之斫槃谷次東有苦谷二水合而東北流逕風涼源西関上圖曰麗山之西川中有阜名曰風涼原在磈山之陰雍州之福地即是原其水傍溪北注原上有漢武帝祠其水名合東川水出南山之石門谷孟谷次東有大谷次東有崔谷東有土門谷五水北谷西北歷風涼原東又北與西川會原為二水之會亂流北逕宣帝許后陵東而北去杜陵十里斯川於是有狗枷之名川東亦曰白虎原也上有狗枷堡三秦記曰麗山西有白鹿原原上有狗枷堡秦襄公時有天狗來下有賊則狗吠之故一

堡無患故川得厥自烏川水又北逕杜陵東元帝初元元年葬宣帝杜陵北去長安五十里陵之西北有杜縣故城秦武公十一年縣之漢宣帝元康以杜東原上爲初陵更名杜縣爲杜陵也王莽之饒安也其水又北注荊溪荊溪又北入霸縣又有温泉入焉水發自原下入荊水亂流注于霸俗謂之滻水非也史記音義文帝出安門注云在霸陵縣有故亭即郡國志所謂長門亭也史記云霸滻長水也雖不在祠典以近咸陽秦漢都注渭長水盡得比大川之禮昔文帝居霸陵北臨廁指新豐路示慎夫人曰此走邯鄲道也因使慎夫人鼓瑟

上自倚瑟而歌悽愴悲懷顧謂羣臣曰以北山石
為郭用紵絮斮陳漆其間豈可動哉釋之曰使其
中有可欲雖錮南山猶有隙使無可欲雖無石郭
又何戚焉文帝曰善拜延尉韋昭曰高岸夾水為
厠令斯原夾二水也厨門其内有長安厨官在事
故城曰厨門也如淳曰令名廣門也第三門本名
杜門亦曰利城門王莽更名進和門臨水亭其水
有客舍故民曰客舍門又曰洛門也凡此諸門皆
通達九達三途洞開隱以金椎周以林水左出右
入為徒之經行者升降有上下之别漢成帝之為
太子元帝嘗急召之太子出龍樓門不敢絶馳道

西至直城門方乃得度上怳遲問其故以狀對上
怳乃著令令太子得絕馳道也渭水東合昆明故
渠渠上承昆明池東口東逕河池北亦曰女觀陂
又東合泬水亦曰漕渠又東逕長安縣南東逕明
堂南舊引水為辟雍處在縣鼎路門東南七里其
載上圓下方九宮十二室四嚮五色堂北三百步
有靈臺是漢平帝永始四年立渠南有漢故圓丘
成帝建始二年罷雍五畤始祀皇天上帝於長安
南郊應劭曰天郊在長安南即此也故渠之北有
白亭博望苑漢武帝為太子立使通賓客從所好
也太子巫蠱事發斫杜門東出史良娣死葬於苑

北宣帝以爲戾園以偪優千人樂思后園廟故亦
曰千鄉故渠又東而北屈逕青門外與泬水枝渠
會渠上承泬水於章門西飛渠引水入城東爲倉
池池在未央宫西池中有漸臺漢兵起王莽死於
此臺又東逕未央宫北高祖在關東令蕭何成未
央宫何斬龍首山而營之山長六十餘里頭於渭
尾達樊川頭高二十丈尾漸下高五六丈土色赤
而堅云昔有黑龍從南山出飲渭水其行道因山
成跡山即基闕不假築高出長安城北有玄武闕
即北闕也東有倉龍闕闕内有閶闔止車諸門未
央殿東有宣室玉堂麒麟含章白虎鳳皇朱雀鵷

鸞昭陽諸殿天祿石渠麒麟三閣未央宮此即桂
宮也周十餘里內有明光殿走狗臺柏梁臺舊乘
復道用相逕道故張衡西京賦曰鉤陳之外各有
窮隆長樂與明光徑北通于桂宮故渠出二宮之
間謂之明渠也又東歷武庫北舊樗里子葬於此
樗里子名疾秦惠帝異母弟也滑稽多智秦人號
曰智囊室於昭 王廟西渭南陰鄉樗里故俗謂之
樗里子也我百歲後是有天子之宮夾我墓疾以
昭王七年卒葬于渭南章臺東至漢長樂宮在其
東未央宮在其西武庫直其墓秦人諺曰力則任
鄙智則樗里子也明渠又東逕漢高祖長樂宮北

本秦之長樂宮也周二十里殿前列銅人殿西有長信長秋永壽永昌諸殿殿之東北有池池北有層臺沼謂是池為酒池非也故渠北有樓漢京兆尹司馬文預碑故渠又東出城分為二渠即漢書所謂王渠者也蘇林曰王宮家渠也猶今御溝矣晋灼曰渠名也在城東霸門外一水逕楊橋下即青門橋也側城北逕鄧艾祠西而北注渭無今水其一渠東逕奉明縣廣城鄉之廣明苑南史王孫及王夫人葬於郭北宣帝遷苑南史王孫及王夫人卜以為悼園益園民千六百家立奉胡縣以奉二園園在東都門昌邑王賀自霸御法駕郎中令

龔遂叅乘至廣明東都門是也故渠東北逕漢太
尉夏侯嬰冢西葬日柩馬悲鳴輕車罔進下得石
槨銘云于嗟滕公居此室霸水又北會兩川又北
故源左出爲霸水又北逕王莽九廟南王莽地皇
元年傳徵天下工匠壞撤西苑建章諸宫館十餘
所取材瓦以起九廟筭及吏民以義入錢穀助成
九廟廟殿皆重屋太初祖廟東西南北各四十丈
高十七丈餘廟半之爲銅薄櫨飾以金銀雕文窮
極百工之巧攄高增下功費數百巨萬卒死者萬
數霸水又北逕枳道在長安縣東十三里王莽九
廟在其南漢世有白鶖群飛自東都門過于枳道

呂后拔除於霸上還見倉狗戟脅於斯道也水上有橋謂之霸橋地皇三年霸橋水災自東起卒數千以水汎沃救不滅晨燌多盡王莽惡之下書曰甲午火橋乙未立春之日也予以神明三年終冬絶滅霸駁之橋欲以興成新室統一長存之道其名霸為長存橋霸水之北左納漕渠絶霸右出焉東逕霸城北又東逕于楚陵北皇甫謐曰秦莊王葬於芷陽之麗山京兆東南霸陵山劉向曰莊王大其名立墳者也戰國策曰莊王字異人更名子楚故世人猶以子楚名陵又東逕新豐縣右會故渠上承霸水東北逕霸縣故城南漢文帝之霸陵

漢縣也王莽更之曰水華魏故帝黄初元年徙長
安金狄重不可致因留霸城南人有見蓟子訓與
父老共摩銅人曰正見鑄此時計爾曰以近五百
年矣故渠又東北逕劉更始冢西更始二年為赤
眉所殺故謂侍中劉恭夜取往而埋之光武使司
徒鄧禹收葬於霸陵縣更始尚書僕射行大将軍
事鮑永持節安集河東聞更始死歸世祖累遷司
隸校尉行縣逕更始墓遂下拜哭盡哀而去帝問
公卿大中大夫張湛曰仁不遺舊忠不忘君行之
高者帝乃釋又東北逕新豊縣右合漕渠漢大司
農鄭當時所開也以渭難漕命齊水工徐伯乃發

卒穿渠引渭令源自昆明池南傍山原東至于河
且田且漕大以為便令霸水又北逕秦虎圈東列
士傳曰秦昭王會魏王魏王不行使朱亥奉璧一
雙秦王大怒置朱亥虎圈中亥瞋目視虎皆裂血
出踐虎虎不敢動即是處也霸水又北入于渭水
渭水又東會成國故渠渠魏尚書右僕射衛臻征
蜀所開也號成國渠引以澆故田其瀆上承汧水
於陳倉東東逕郿及武功槐里縣北渠左有安定
梁巖塚碑碣尚存逕漢武帝茂陵南故槐里之茂
鄉也應劭曰武帝與自為陵在長安西北八十餘
里漢武帝故事曰帝崩後見形為陵令薛平曰吾

雖失勢猶為汝君奈何令吏卒上吾陵磨刀劍乎
自今已後可禁之平頓首謝因不見推問陵傍果
有方石可以為礪吏卒常盜磨刀劍霍光欲斬之
張安世曰神道茫昧不宜為法乃止故阮公詠懷
詩曰失勢在須臾帶劔上吾丘陵之窒故遂蕪焉
塚在城東八里飲馬橋南四里故時人謂之馬塚
故渠又北分為二渠東逕虎圈南而東入霸一水
北合渭今無水

東入于河

春秋之渭汭也左傳閔公三年虢公敗犬戎于渭
隊服虔曰隊謂汭也杜預曰水之隈曲曰汭王肅

云汭入也呂忱云汭者水相入也水會即船司空
所在矣地理志曰渭水東至船司空入河服虔曰
縣名都官三輔黄圖有船庫官後改爲縣王莽之
船利者也

水經卷第十九

水經卷第二十

桑欽撰　酈道元注

漾水　丹水

漾水出隴西氐道縣嶓塚山東至武都沮縣為漢水
常璩華陽國記曰漢水有二源東源出武都氐道
縣漾山為漾水禹貢道漾東流為漢為是西原出
隴西嶓塚山會泉逕段萌入漢始源曰酒案沔水
出東狼谷逕沮縣入漢漢中記曰嶓塚巳東水皆
東流嶓塚巳西水皆西流即其地勢源流所歸故
俗以嶓塚為分水嶺即此推沔水無西入之理劉
澄之云有水從沔陽縣南至梓潼漢壽入大穴暗

通罡山郭景純亦言是矣罡山穴小本不容水水成大澤而流與漢合庾仲邕又言漢水自武遂川南入蔓葛谷越野牛逕至開城合西漢水故諸言漢者多言西漢水至葭萌入漢又曰始源曰沔是以經云漾水出氐道縣東至沮縣為漢水東南至廣魏白水診其沿注似與三說相符而未極西漢之源矣然東西兩川俱受沔漢之名者議或在茲矣班固地理志曰司馬彪袁崧郡國志並言漢有二源東出氐道西出西縣之嶓冢山闞駰云漾或為漾漾水出崑崙西北隅至氐道重源顯發而為漾水又言壠西縣嶓冢山在西西漢水所出南入廣魏白

水又云漾水出獂道東至武都入漾詩慎呂忱並
言漾水出隴西獂道東至武都為漢水不言氐道
然獂道在冀之西北又隔諸川無水南入疑出獂
道之為謬矣又云漢漾也東為滄浪水山海經曰嶓
冢之山漢水出焉而東南流注于江然東西兩川
俱出嶓冢而同為漢水者也孔安國曰泉始出為
漾其猶濛耳而常璩專為漾山漾水當是作者附
而為山水之殊目矣余按山海經漾水出崑崙西
北隅而南流注于配塗之水穆天子傳曰天子自
春山西征至于赤烏氏巳卯北征庚辰濟于洋水
辛巳入于曹奴人戲觴天子于洋水之上乃獻良

馬九百牛羊七千天子使逢固受之天子乃賜之黄金之鹿戲乃膜拜而受余以大和中從高祖北廵狄人猶有此獻雖古今世殊而所貢不異樊川流隱伏卒難詳照地理潛閟變通無方復不可全言闞氏之非也雖津流派別枝渠勢懸原始要終潛流或一故俱受漢漾之名納方士之稱是其有漢川漢陽廣漢漢壽之號或因其始或據其終縱異名互見猶為漢漾矣川共目殊或亦在斯今西縣嶓冢山西漢水所導也然微涓細注若通幂歷津注而已西流與馬池水合水出上邽西南六十餘里謂之龍淵水言神馬出水事同徐吾來淵之

異故因名馬開山圖曰隴西神馬山有淵池龍馬所生即是水也其水西流謂之馬池川又西流入西漢水西漢水又西南流左得蘭渠溪水次西有山黎谷水次西有鐵谷水次西有石躭谷水次西有南谷水並出南山揚端北注右得高望谷水次西得西溪水次西得黄花谷水咸出北山飛波南入西漢水又西南資水注之水北出資川導源四壄南至資峽總為一水出峽西南流注西漢水西漢水又西南得峽石水口水出苑亭曰草里谷三溪西南至峽石口合為一瀆東南流屈而南注西漢水西漢水又西南合陽廉川水水出西谷衆川

瀉流合成一川東南流逕西縣故城北秦莊公伐西戎破之周宣王與其大略犬丘之地為西垂大夫亦西垂官也王莽之西治矣建武八年世祖至陽河竇融等悉會天水震動隗囂將妻子奔西城從楊廣廣死囂愁窮城守時潁川賊起車駕東歸留吴漢岑彭圍囂岑等壅西谷水以縑幔盛土為堤灌城城未没丈餘水穿壅不行地中數丈涌出故城不壞請蜀救至漢等退上邽但廣廉字相狀後人因以人名名之故習僞為楊廉也置楊廉縣爲又東南流右會茅川水水西南戎溪東北流逕戎丘城南吴漢之為西城王捷登城向漢軍曰為

隗王城守者皆必死無二心頋諸将亟罰請自殺以明之遂刎頸而死又東北流注西谷水亂流東南入于西漢水西漢水又西南逕始昌峽始昌縣故城西晉書地道記曰天水始昌縣故城西也亦曰清崖峽西漢水又西南逕岩備戍南左則岩備水自東南西北注之右則鹽官水南入焉水有鹽官在嶓冢西五十許里相承營煑不輟味與海鹽同故地理志云西縣有鹽官是也其水東南逕岩備戎西東南入漢水漢水又西南左谷水水出南山窮溪北注漢水又西南蘭軍水出於西北至交谷東南歷祁山軍東南入漢水漢水又西南逕祁

山軍南雞水南出雞谷北逕水南縣西北流注于漢漢水又西建安川水入焉其水導源建威西北山白石戍東南二源水合注東逕建威城南又東與蘭坑水會水出西南近溪東北逕蘭坑城西東北注建安水建安水又東逕蘭坑城北建安城南其地故西縣之歷城也楊定自隴右徙治歷城即此處也去仇池一百二十里後改為建安城其水又東合錯水水出錯水戍東南而東北入建安水建安水又東北有雉尾谷水又東北有太谷水又北有小祁山水並出東溪楊波西注又北左會胡谷水水西出胡谷東逕金盤歷城二軍北軍在水

南層山上其水又東注建安水建安水又東北逕
塞峽元嘉十九年宋太祖遣龍驤將軍裴方明伐
楊難當將妻子北奔安西參將魯尚期追出塞峽
即是峽矣左山側有石穴洞入言潛通下辨所未
詳也其水出峽西北流注漢水漢水北連山秀舉
羅峯競峙祁山在嶓冢之西七十詩罡山上有城
極為嚴固昔諸葛亮攻祁山即斯城也漢水逕其
南城南三里有亮故壘壘之左右猶豐茂宿草蓋
亮所植也在上邽西南二百四十里開山圖曰漢
陽西南有祁山溪徑委迤山高巖嶮九州之名岨
天下之奇峻令此山於衆阜之中亦非為傑矣漢

水又西南與甲谷水合水出西南甲谷東北流注漢水漢水又西逕南峠北中峠之上下有二城相對左右墳壠低仰亘山被阜古詩云南峠北峠萬有餘家諸葛亮表言祁山縣去沮五百有民萬户矚其丘墟信為殷矣漢水西南逕武植戍南武植戍水發北山二源奇發合于安民戍南又南逕武植戍西而西南流注漢水漢水又西南逕平夷戍南又西南夷水注之水出北山南逕其戍西南入漢水漢水又西逕蘭倉城南又南右會兩溪俱出西山東流注於漢水張華愽物志云温水出鳥鼠山下注漢水疑是此水而非所詳也漢水又南入

嘉陵道而為嘉陵水然世俗名之為皆陵水非也
漢水又東南名得北谷水水東南得城階水又東南
得倉谷水右三水並出西溪東流注漢水漢水又
東南逕瞿堆西又屈逕瞿堆南絶壁峭峙孤嶮雲
高望之形若覆垂壺高二十餘里羊腸蟠道三十
六迴開山圖謂之仇夷所謂積石嵯峨嶔岑隐阿
者也上有平田百頃煑土成鹽因以百頃為號山
上豐水泉所謂清泉湧沸潤氣上流者也漢武帝
元鼎六年開以為武都郡大池大澤在西故都為
目矣王莽更名樂平郡縣曰循虜縣常璩范曄云
郡居河池一名仇池池方百頃即指此也左右悉

白馬氐矣漢獻帝建安中有大水氐楊勝者世居
隴右為氐大師子駒勇健多計徙居仇池魏拜為
百頃氐王漢水又東合洛谷谷有二源合同注一
壑於神蛇戍西左右山溪多五色蛇性馴良不為
物毒洛谷水又南逕虎馗成東又南逕仇池郡西
瞿堆東西南入漢水漢水又東合洛漢水水北發
洛谷南逕威武戍南又西南與龍門水合水出西
北龍門谷東流與橫水會東北窮溪即水源也又
南逕龍門戍東又東南入洛漢水又東南逕上祿
縣故城西脩源濬導逕引北溪南總兩川單流納
漢漢水又東南逕濁水城南又東南會平樂水水

出武階東北四十五里更馳南溪導于東北源流山側有甘泉涌波飛清下注平洛水又逕甘泉戍南又東逕平洛戍南又東入漢謂之會口漢水東南逕脩城道南與脩水合水總二源東北合漢漢水又東南於槃頭郡南與濁水合水出濁城北東流與丁令溪水會其水北出丁令谷南逕武街城西東南入濁水濁水又東逕武街城南故下辨縣治也李倉李稚以氐王楊𣪍堅妻死葬陰平襲街武為氐所殺於此矣今廣業郡治濁水又東宏休休注之水北出溪南逕武街城東而南流注于濁水濁水又東逕白石縣南續漢書曰虞詡為武都太

守下辨東三十餘里有峽峽中白水主大石障塞
水流春夏輒瀆溢敗壞城郭詡使燒石以水灌之
石皆淬裂因鐫去焉遂無泛溢之害濁水即白水
之異名也濁水又東南㴾陽水北出㴾谷南逕白
石縣東而南入濁水濁水又東南與仇鳩水合水
發鳩溪南逕河池縣故城西王莽之樂平亭也其
水西南流注濁水濁水又東南與河池水合水出
河池北谷南逕河池戍東西南入濁水濁水東南
兩當水注之水出陳倉縣之大散嶺西南流入故
道川謂之故道水西南逕故道城東魏征仇池築
以置戍與馬鞍山水合水東出馬鞍山歷谷西流

至故道城東西入故道水西南流北川水注之水
出北洛櫝山南流逕唐倉城下南至困冢川入
故道水故道水又西南歷廣香交合廣香川水水
出南田縣利喬山南流至廣香川謂廣香川水又
南注故道水謂之廣香交故道水又西南入秦岡
山尚婆水注之山高入雲遠望增狀若嶺紆曦軒
峯柱月駕矣懸崖之側列壁之上有神象若圖指
狀婦人之容其形上赤下白世名之曰聖女神至
於福應愆違方俗是祈水源北出利喬山南逕尚
婆川謂之尚婆水歷兩當縣之尚婆城南魏故道
郡治也西南至山入故道水故道水右又合黃盧

山水水出西北天水郡黃盧山腹歷谷南流交注
故道水故道水南入東益州之廣業郡界與沮水
枝津合謂之兩當溪水上承武都沮縣之沮水瀆
西南流注于兩當溪虞詡為郡漕穀布在沮從沮
縣至下辨山道嶮絶水中多石舟車不通馿馬負
運僦血致一詡乃於沮受僦直約自致之即将吏
民案行皆燒石橅木開漕舩道水運通利歲省萬
計以其僦廩與吏士年四十餘萬也又西南注于
濁水濁水南逕槃頭郡東而南合鳳溪水水上承
濁水於廣業郡南逕鳳溪中有二石雙高其形若
闕漢世有鳳凰止故謂之鳳凰臺北去郡三里水

出臺下東南流左注濁水濁水又南注漢水漢水
又東南歷漢曲逕挾崖與挾崖水合水西出擔潭
交東流入漢水漢水又東逕武興城南又東南與
北谷水合水出武興東北而西南逕武興城北謂
之北谷水南轉逕其城東而南與一水合水出東
溪西流注北谷水又南流注漢水漢水又西南逕
關城北除水出西北除漢東南流入于漢漢水又
西南逕通谷通谷水出東北通溪上承漾水西南
流為西漢水漢水又西南寒水注之水東出寒川
西流入漢漢水又西逕石亭戍廣平水西出百頃
川東南流注漢又有平阿水東山西流注漢水漢

水又逕晉壽城西而南合漢壽水水源出東山西
逕東晉壽故城南而西南入于漢水也
又東南至廣魏白水縣西又東南至葭萌縣東北與
羗水合
白水西北出于臨洮縣西南西傾山水色白濁東
南流與黑水合水出羗中西南逕里水城西又西
南入白水白水又東逕洛和城南洛和水西南出
和溪東北流逕南黑水城西而北注白水白水又
東南逕鄧至城南又東南與大夷祝水合水出夷
祝城西南而窮溪北注夷水又東北合羊洪水出
東南羊溪西北逕夷祝城東又西北流屈而東北

注于夷水夷水又東北入白水白水又東與安昌
水會水源發衛大西溪東南逕鄧至安昌郡南又
東南合無累水無累水出東北近溪西南入安昌
水安昌水又東南入白水白水又東南入陰平得
東維水水出西北維谷東南逕維城西東南入白
水白水又東南逕陰平故城南王莽更名摧虜矣
即廣漢之北部也廣漢屬國都尉治漢平帝永初
三年分廣漢蠻夷置有白馬水出長松縣西南而
白馬溪東北逕長松縣北而東北注白水白水又
東逕陰平大城北蓋其渠帥自故城徙居也白水
又東偃磨水出西南偃溪東北流逕偃城西而東

北流入白水白水又東逕偃城北又東北逕橋頭
昔姜維之將還蜀也雝州刺史諸葛緒邀之於此
後期不及故維得保劒閣而鍾會不能入也白水
又與羌水合自下羌水又得其通稱矣白水又東
逕郭公城南昔郭淮之攻廖化於陰平也築之故
因名焉白水又東雝川水出西南雝溪東北注白
水白水又東合空泠水水傍溪西南窮谷即川源也
白水又東南與南五部水會水有二源西源出五
部溪東南流東源出郎谷西南合南注白水白水
又東南逕建陽郡東而北與一水合二源同注共
成三溪西南流入于白水白水又東南逕白水縣

故城東即白水郡治也經云漢水出其西非也白
水又東南與西谷水相得水出西溪東流逕白水
城南東南入白水白水又南左會東流水東入極
溪使即水源也白水又南逕興城東又東南左得
刺稽水口溪東北出便水源矣白水又東南清水
左注之庾仲雝曰清水自邪山來合白水斯爲孟
浪也水出於平武郡東北䲕累亘下南逕平武城
東屈逕其城南又西歷平洛郡東南屈而南逕南
陽僑郡東北又東北逕新巴縣東北又東南逕始
平僑郡南又東南逕小劍戍北西去大劍三十里連
山絕崄飛閣涌衢故謂之劍閣也張載銘曰一人

守嶮萬夫趑趄信然故李特至劒閣而嘆曰劉氏
有如此地而面縛於人豈不奴才也小劒水西南
出劒谷東北流逕其戍下入清水清水又東南注
白水白水又東南於吐費城南即西晉壽之東北
也東南流注漢水西晉壽即蜀王弟葭萌所封為
苴侯邑故遂城為葭萌矣劉備改曰漢壽太康中
又曰晉壽水有津關段元章善風角弟子歸元章
封筒藥授之曰路有急難開之生到葭萌從者與
津吏諍打傷其破頭者可以此藥裹之生乃嘆服
還卒業焉亦廉叔度抱父柩自沈處也
又東南過巴郡閬中縣

巴西郡治也劉章之分三巴此其一焉闞駰曰強
水出陰平西北強山一曰強川姜維之還也鄧艾
遣天水太守王頎敗於強曰即是也其水東北逕
武都陰平梓潼南安入漢水漢水又東南逕津渠
戍東又南逕閬中縣東閬水出閬陽縣而東逕其
縣南又東注漢水昔劉璋之攻霍峻於葭萌也自
此水上張達范強害張飛於此縣漢水又東南得
東水口水出巴嶺南歷獠中謂之東遊水李壽之
時獠自牂牁北入所在諸郡布在山谷其水西南
逕宋熙郡東又東南逕平城東又東南逕巴西郡
東又東入漢水漢水又東與濩溪水合水出獠中世

亦謂之為清水也東南流注漢水漢水又東南逕宕渠縣東又東南合宕渠水水西北出鄭縣南巴嶺與槃余水同源派注南流謂之北水東南流與難水合水出東北巴山西南注之又東南流逕宕渠縣謂之宕渠水又東南入漢

又東南入漢州江津縣東南入于江

涪水注之故仲雍謂涪内水者也

丹水出京兆上洛縣西北冢嶺山

名高豬山也丹水東南流與清池水合水源東北出清池山西南流入于丹水

東南過其縣南

縣故蜀京兆晉分為郡地道記曰郡在洛上故以為名竹書紀年晉烈公三年楚人伐我南鄙至于上洛楚水注之楚水出上洛縣西南楚山昔四皓隱于楚山即此山也其水兩源合舍於四皓廟東又東逕高車嶺南翼帶衆流北轉入丹嶺上有四皓廟丹水自倉野又東歷兎和山即春秋所謂左師軍於兎和右師軍于倉野者也

又東南過商縣南又東南至于丹水縣入于汋

契始封商魯連子曰在太華之陽皇甫謐闞駰並以為上洛商縣也殷湯之名起於此矣丹水自商縣東南流注歷少習出武關應劭曰秦之南關也

通南陽郡春秋左傳哀公四年楚左司馬使謂陰地之命大夫士蔑曰晋楚之盟好惡同之不然將通於少習以聽命者也京相璠曰楚通上洛阬道也漢祖下淅酈攻武關文穎曰武關右淅縣西一百七十里弘農界也丹水又東南流入臼口歷其戍下又東南淅水出淅縣西北弘農盧氏縣大蒿山南流逕脩陽縣故城北縣即淅之北鄉也又東入淅縣統結成潭謂之龍淵清深神異耆舊傳云漢祖入關逕觀是潭其下若有府舍焉事既非恒難以詳矣其水又東逕其縣故城北蓋春秋之白羽也左傳昭公十八年楚使王子勝遷許於淅是

也郭仲產云相承言此城漢高所築非也余按
楚襄王元年秦出武關斬衆五萬取淅一十五城
漢祖入關亦言下淅酈非無城之言循之則可矣
淅水又歷其縣東王莽更名縣爲古亭也而南流
入丹水縣注于丹水故丹水會汋有淅口之稱丹
水又東南逕一故城南名曰三户城昔漢祖入關
王陵起兵丹水以歸漢祖此城疑陵所築也丹水
又逕丹水縣故城西南縣有密陽鄉古商密之地
昔楚申息之師所戍也春秋之三户矣杜預曰縣
北有三户亭竹書記年曰壬寅孫何侵楚入三户
郛者是也水出丹魚先夏至十日夜伺之魚水郛

側赤光上照如火網而取之割其血以塗足可以
步行水上長居淵中丹水東南流至其縣南黄水
出北子山黄谷南逕丹水縣南注于丹水黄水北有
墨山山石悉黑繢彩奮發黝焉若墨故謂之墨山
今河南新安縣有石墨山斯其類也丹水南有丹
崖山山悉赬壁霞舉若紅雲秀天二岫更為殊觀
矣丹水又南逕南鄉縣故城東北漢建安中割南
陽石壤為南鄉郡逮晉封宣帝孫暢為順陽王因
為立順陽郡而南鄉為縣舊治鄼城永嘉中丹川
浸没至永和中徙治南鄉故城城南門外舊有郡
社柏樹大三十圍蕭欣為郡伐之言有大蛇從樹

腹中墜下大數圍長三丈羣小蛇數十隨入南山
聲如風雨伐樹之前見夢於欣欣不以厝意及伐
之吏少日果死丹水又東逕南鄉縣北興寧末太
守王靡之改築今城城北半據在水中左右夾溪
深長及春夏水漲望若孤洲矣城前有晉順陽太
守丁穆碑郡民范甯立之丹水逕流兩縣之間歷
於中之北所謂商於者也故張儀說楚絕齊許以
商於之地六百里謂以此矣呂氏春秋曰堯有丹
水之戰以服南蠻即此水也又南合汋水謂之淅水

水經卷第二十

水經卷第二十一

桑欽撰　酈道元注

汝水

汝水出河南梁縣勉鄉西天息山

地理志曰出高陵山即猛山也亦言出南陽魯陽縣之大盂山又言出弘農盧氏縣還歸山博物志曰汝出燕泉山並異名也余以永平中蒙除魯陽太守會上臺下列山川圖以方誌參差遂令尋其源流此等既非學徒難以取悉既在遐見不容不述今汝水西出魯陽縣之大盂山黃柏谷巖鄣深高山岫邃密石徑崎嶇人跡裁交西即盧氏界也

其水東北流逕太和城西又東流逕其城北左右深松列殖筠栢交陰尹公度之所棲神處也又東届堯山西嶺下水流兩分一水東逕堯山南為㴖水也即經所言㴖水出堯山矣一水東北出為汝水歷蒙栢谷左右岫壑爭深山阜競高夾水層松茂栢傾山蔭渚故世人以名也津流不已北歷長白沙口狐白溪水注之夾岸沙漲若雪因以取名其水南山狐白川北流注汝水又東北趣狼皐山者也

東南過其縣北

汝水自狼皐山東出峽謂之汝阨也東歷麻解城

北故郟鄉城也謂之蠻中左傳所謂單浮餘圍蠻
氏蠻氏潰者也杜預曰城在河南新城縣之東南
伊洛之戎陸渾蠻氏城也俗以為麻解城非也蓋
蠻麻讀聲近故也汝水又逕周平城南京相璠曰
霍陽山在周平城東南者也汝水又東與三屯谷
水合水出南山北流逕石碣東柱側刊云河南界
又有一碣題言洛陽南界碑柱相對既無年月竟
不知何代所表也其水又北流注于汝水汝水又
東與廣成澤水合水出狼皐山北澤中安帝永初
元年以廣成遊獵地假與貧民元初二年鄧太后
臨朝鄧隲兄弟輔政世士以為文德可興武功宜

廢寢蒐狩之禮息戰陣之法于時馬融以文武之道聖賢不墜五才之用無或可廢作廣成頌云大漠之初基也揆厥靈囿營于南郊右矕三塗左枕嵩岳面據衡陰背王屋浸以波溠演以滎洛金山石林殷起乎其中神泉側出丹水湟池怪石浮磬燿焜于其陂桓帝延熹元年校獵廣成遂幸函谷關其水自澤東南流逕温泉南與温泉水合温水殷源揚波於川左泉上華宇連蔭茨甍交池石沼錯落其間顧道者多歸之其水東南流注廣成澤水澤水又東南入于汝水汝水又東得魯公水口水上承陽人城東魯公陂城古梁之陽人聚也秦

滅東周徙其君於此陂水東南流合乎澗水水出北山南流注之又亂流注于汝水汝水之右有霍陽聚汝水逕其北東合霍陽山水水出南山杜預曰河南梁縣有靈山者也其水東北流逕霍陽聚東世謂之華浮城非也春秋左傳哀公四年楚侵梁及霍服虔曰梁霍周南鄙也建武二年世祖遣征虜將軍祭遵攻蠻中山賊張蒲時厭新柏華餘賊合攻得霍陽聚即此水人逕梁城西按春秋周小邑也於戰國為南梁矣故經云汝水逕其縣北俗謂之治城也非以北有注城故也今置治城縣治霍陽山水又東北流注于汝水汝水又右合三

里水水北出梁縣西北而東南流逕其縣故城西
故單孤聚也地理志云秦滅西周從其君於此因
乃縣之杜預曰河南縣西南有梁城即是縣也水
又東南逕注城南司馬彪曰河南梁縣有注城史
記魏文侯三十二年敗秦于注者也又與一水合
水發注城東坂下東南流注三里水三里水又亂
流入于汝汝水又東逕城安縣故城北按地理志
潁川郡有成安縣侯國也史記建元以來功臣侯
者年表曰漢武帝元朔五年校尉韓千秋擊南城
死封其子韓延年為成安侯即此邑矣世謂之白
泉城非也俗謬耳汝水又東為周公渡藉承休之

徽號而有周公之嘉稱也汝水又東黄水注之水出梁山東南逕周承休縣故城東為承休水縣故子南國也漢武帝元鼎四年幸潁陽巡省豫州觀于周室邈而無祀詢問耆老乃得孽子嘉封為周子南君以奉周祀按汲冢古文謂衛將軍文子為子南彌牟其後有子南勁紀年勁朝于魏後惠成王如衛命子南為侯秦并六國衛最後滅疑嘉是衛後故氏子南而稱君也初元五年為周承休邑地理志曰侯國也元帝置元始二年更曰鄭公王莽之嘉美也故汝渡有周公之名蓋藉邑以納稱也謂之黄城水曰黄水皆非也其水又東南逕白

茅臺東又南逕梁瞿鄉西世謂之期城非也按漢
書世祖自潁川在梁瞿鄉馮魴先詣行所即是邑
也水積為陂世謂之黃陂東轉逕其城南東流右
合汝水

又東南潁川郟縣南

汝水又東與張磨泉合水發北阜春夏水盛則南
注汝水汝水又東分為西長湖湖水南北五十餘
步東西三百步汝水又東扈澗水北出大劉山南
逕水蓼堆東郟城西南流入于汝汝水又右迆為
湖湖水南北八九十步東西四五百步俗謂之東
長湖湖水下入汝古養水也水出魯陽縣北將孤

山北長岡下數泉俱發東歷永仁三堆南又東逕
沙川世謂之沙水歷山符壘北又東逕沙亭南故
養陰理也司馬彪郡國志曰襄城有養陰里京相
璠曰在襄城郟縣西南養水名也俗以是水為沙
水故亦名之為沙城非也又城處水之陽而以陰
為稱更用惑焉但流雜間居梨澱平影致令川渠
異容津途狀改故物望疑焉又右會董灉水水出
沛公壘西六十許步蓋漢祖入關往征是由故地
擅斯自矣其水東北注養養水又東北入東長迪
湖亂注汝水縣汝水又逕郟縣故城南春秋昭公
十九年楚令尹子瑕之所城也潵水注之水出魯

陽縣之將孤山東南流許慎云水出南魯陽入父
城從水敖聲呂忱字林亦言在魯陽滶水東入父
城縣與栢水會栢水出魯陽北山水有二源奇導
於賈復城合為一瀆逕賈復城北復南擊郾所築
也俗語訛謬謂之寡婦城水曰寡婦水北瀆水有
窮通故有枯渠之稱焉其水東北流至父城縣北
右注滶水亂流又東北至郟入汝汝水東南左合
藍水水出陽翟縣重嶺山東南流逕紀氏城西有
增臺記紀氏臺續漢書曰世祖車駕西征盜賊羣
起郟令馮魴為賊延褒所攻力屈上諸紀氏羣賊
自降即是處在郟城東北十餘里其水又東南流

逕黄阜東而南入汝水汝水又東南流又與白溝
水合水出亭城西而南逕夏亭城西又南逕龍城
西城西北即摩陂也縱廣可一十五里魏青龍元
年有龍見于郟之摩陂明帝幸陂觀龍於是改摩
陂曰龍陂其城曰龍城其水又南入于汝水又東南
與龍山水會水出龍山龍溪北流際父城縣故城東昔
楚平王大城城父以居太子建故杜預曰即襄城
之城父縣也馮異據之以降世祖用報巾車之恩
也其水又東北流與二水合俱出龍山北流注之
又東北入于汝水汝水又東南逕襄城縣故城南
王隱晉書地道記曰楚靈王築劉向說苑曰襄城

君始封之曰服翠衣帶王佩徙倚於流水之上即是水也楚大夫莊辛所說處後乃縣之呂后元年立孝惠後宮子弘為侯國王莽更名相成也黃帝嘗遇牧童於其野故嵇叔夜讚曰奇矣難測襄城小童倦遊六合來憩茲邦也其城南對汜城周襄王出鄭居汜即是地城也春秋襄公二十六年楚伐鄭涉汜而歸杜預曰涉汝水於汜城下也晉襄城郡治京相璠曰周襄王居之故曰襄城也今置關於其下汝水又東南流逕西不羹城南春秋左傳昭公十一年楚靈王曰昔諸侯遠我而畏晉今吾大城陳蔡不羹賦皆千乘諸侯其畏我乎東觀漢

記曰車騎馬防以前參藥勤勞省闥增封侯國襄
城羡傳千二百五十户即北亭也汝水又東南逕
繁丘城南而東南出也

又東南過定陵縣北

湛水出犨縣北魚齒山西北東南流歷魚齒山下
為湛浦方五十餘步春秋襄公十六年晋伐楚報
楊梁之役楚公子格及晋師戰于湛阪楚師敗績
遂侵方城之外今水北悉枕翼山阜於父城東南
湛水之北山有長阪蓋即湛水以名阪故有湛阪
之名也湛水又東南逕蒲城北京相璠曰昆陽縣
北有蒲城蒲城北有湛水者是也漢水又東於汝

水九曲北東入汝杜預亦以是水為湛水矣周禮
荆州其浸潁湛鄭玄云未聞蓋偶有不照也今考
地則不乖其土言水則有扶經文矣汝水又東南
逕定陵縣故城北漢成帝元延三年封侍中衛尉
淳于長為侯國王莽更之定城矣東觀漢記曰光
武擊王莽二公還到汝水上於涯以手飲水澡頰
塵垢謂傳後曰今日疲倦諸君寧憊也即是水也
水右則滍水左入焉左則百尺溝出矣溝水夾岸
層崇亦謂之為百尺堤也自定陵城北通潁水於
襄城縣潁盛則南播汝泆則北注稱之東有澄潭
號曰龍淵在汝北四里許南北百步東西二百步

水至清深嘗不耗竭佳饒魚筍湖溢則東注㶏水矣汝水又東南昆水注之水出魯陽縣唐山東南流逕昆陽縣故城西更始元年王莽徵天下能為兵法者選練武衛招募猛士旌旗輜重千里不絕又驅諸猛獸虎豹犀象之屬以助威武自秦漢出師之盛未嘗有也世祖以數千兵邀之陽關諸將見尋邑兵盛反走入昆陽世祖乃使成國上公王鳳廷尉大將軍王常留守夜與十三騎出城南門收兵於郾尋邑圍城數十重雲車十餘丈瞰臨城積弩亂發矢下如雨城中人負戶而汲王鳳請降不許世祖帥營部俱進頻破之乘勝以敢死三千

人徑衝尋邑兵敗其中堅於是水之上遂殺王尋
城中亦鼓譟而出中外合勢震呼動天地會大雷
風屋瓦皆飛莽兵大潰昆水又屈逕其城南世祖
建武中封侍中傅俊為侯國故後漢郡國志有昆
陽縣蓋藉水以氏縣也昆水又東逕定陵城南又
東注汝水汝水又東南逕奇雒城西北今南潁川
郡治也濆水出焉世亦謂之大㶏水爾雅曰河有
雍汝有濆然則濆者汝別也故其下夾水之邑猶
流汝陽之名是或濆㶏之聲相近矣亦或下合㶏
潁兼統厥稱耳
又東南過郾北

汝水逕奇頟城西東南流其城衿帶兩水側背雙
流汝又東南流逕郾城西東南流其城衿帶兩水
縣故城北故魏下邑也史記楚昭陽伐魏取郾是
也汝水又東得醴口水水出南陽雉山亦云導源
雉衡山即山海經云衡山也郭景純以為南岳非
也馬融廣成頌曰面據衡陰指謂是山在雉縣界
故世謂之雉衡山依山海經不言有水焉然醴水
東流歷唐山下即高鳳所隱之山也醴水又東南
與皐水合水發皐山郭景純或作章山東流注于
醴水醴水又東南逕唐城北南入城而西流出城
城蓋因山以即稱矣醴水又屈而東南流逕葉縣

故城北春秋昭公十五年許遷于葉者也楚盛周衰控霸南土欲争強中國多築列城於北方以逼華夏故號此城為萬城或作方字唐勒奏土論曰我是楚也世霸南土自越以至葉垂弘境萬里故號曰萬城也余按春秋屈完之在邵陵對齊侯曰楚國方城以為城杜預曰方城山名也在葉南未詳孰是楚惠王以封諸梁子號曰葉公城即子高之故邑也葉公好龍神龍下之河東王喬之為葉令也每月望常自詣堂朝帝怪其來數而不見車騎顯宗密令太史伺望之言其臨至輒有雙鳧從東南飛來於是侯鳧至舉羅張之但得一隻舃乃

詔尚方診視則四年中所賜尚書官屬履也每當
朝時葉門下鼓不擊自鳴聞於京師後天下玉棺
於堂前吏民推排終不摇動喬曰天帝獨欲召我
耶乃沐浴服飾寢其中蓋使立覆宿昔葬於城東
土自成墳其夕縣中牛皆流汗喘乏而人無知者
百姓為立廟號葉君祠牧守每班録皆先謁拜之
吏民祈禱無不如應若有違犯亦立能為祟帝乃
迎取其鼓置都亭下略無復聲焉或云即古仙人
王喬也是以干氏書之於神化醴水又逕其城東
與燒車水合水西出苦菜山東流側葉城南而下
注醴水醴水又東逕葉公廟此廟前有公子高諸

梁碑舊秦漢之世廟道有雙闕几筵黃巾之亂殘
毀頌闕魏大和景初中令長脩飾舊字後長汝南
陳晞以正始元年立碑碑字破落遺文殆存事見
其碑醴水又東與葉西陂水會縣南有方城山屈
完所謂楚以方城以為城者也山有湧泉北流畜
之以為陂故塘方二里陂水散流又東逕葉城南
而東北注醴水醴水又東注葉陂陂東西十里南
北七里二陂並諸梁之所堨地陂水又東逕潕陽
縣故城北又東定陵城南東與犨溝合其水導源
葉縣東逕潕陽城北又東逕定陵縣南入東南流
注醴其水逕流昆醴之間纏絡四縣之中疑即呂

怳所謂滉水也今於定陵更無别水唯是水可當之澧水東逕郾縣故城南左入汝山海經曰澧水東流注于滉水也汝水又東南流逕郾城西春秋左傳桓公二年蔡侯鄭伯會于鄧者也汝水又東南流濦水注之

又東南過汝南上蔡縣西

汝南郡楚之别也漢高帝四年置王莽改郡曰汝濆縣故蔡國周武王封其弟叔度於蔡世本曰上蔡也九江有下蔡故稱上竹書紀年曰魏章率師及鄭師伐楚取上蔡者也建安元年安帝封鄧騭為侯國汝水又東逕玄瓠城北王智深云汝

南太守周矜起義於玄瓠者是矣今豫州刺史汝
南郡治城之西北汝水枝别左出西北流又屈西
東轉又西南會汝形若垂瓠耆彦云城北名馬灣
中有地數頃上有栗園栗小殊不並固安之實也
然歲貢三百石以充天府水渚即栗州也樹木高
茂望若屯雲積氣矣林中有栗堂射埻甚閑敞牧
宰及英彦多所遊薄眞城上西北隅高祖以太和
中幸懸瓠平南王肅起高觀於小城建層樓於隅
阿下際水湄降栗渚左右列榭四周參差競跱奇
為嘉觀也
又東南過平輿縣南

溱水出浮石嶺北青衣山亦謂之表衣水也東南逕朗陵縣故西應邵曰西南有朗陵山縣以氏焉世祖建武中封城門校尉城宮為侯國也溱水又南屈逕其縣南又東北逕北宜春縣故城北至王莽更名之為宣孱也豫章有宜春故加此矣永元三年安帝封后父侍中閻暢為侯國溱水又東北逕馬香城北又東北入汝汝水又東南逕平輿縣南安成縣故城北王莽更名至成也漢武帝元光六年封長沙定王子劉倉為侯國矣汝水又東南汝水注之水首受慎水於慎陽縣故城南陂陂水兩分一水自陂北退愼陽城四固城塹潁川荀

淑遇縣人黄叔度於逆旅與語移日曰子吾師表
也范曄論曰黄憲言論風旨無所傳文然士君子
見之者靡不服深遠去疵悋將以道周性全無得
而稱乎壍水又自瀆東北流注七陂一水自陂東
北流積為同陂陂水又東北又結而為陂世謂之
窖陂陂水上承慎陽縣北陂東北流積為而土陂
陂水又東為窖陂陂水又東南流注壁陂陂水又
東北為太陂陂水又東入汝汝水又東南逕平陵
亭北又東南逕陽遂鄉北汝水又東逕樂亭北春
秋之棘櫟也杜預曰汝陰新蔡縣東北有櫟亭今城
在新蔡故城西北半淪水汝水城北又東南逕新

蔡縣故城南昔管蔡間王室故蔡叔而遷之其子
胡能率德易行周公舉之為魯卿士以見于王三
命之以蔡中呂地也以奉叔度祀是為蔡仲矣宋
忠曰故名其地為新蔡王莽所謂新遷者也世祖
建武元年封吕國為侯國汝南先賢傳曰新蔡鄭
敬字次都為郡功曹都尉高懿聽事前有槐樹白
露類甘露者懿問掾屬皆言是甘露敬獨曰明府
政未能致甘露但樹汁耳懿不悅託疾而去汝水
又東南左會澺水水上承汝水別流於奇頟城東
東南流為練溝逕邵陂縣西東南流注至上蔡西
岡北為黃陵陂陂東流於上蔡岡東為蔡塘又東

逕平興縣故城南為㶏水縣舊沈國也有沈亭春
秋定公四年蔡滅沈以沉子嘉歸後以為縣史記
曰秦將李信攻平輿敗之者也建武三十年世祖
封銚統為侯國水汝南郡治昔費長房為市吏見
王壺公懸壺郡市長房從之因而自遠同入此壺
隱淪仙路骨謝懷靈無會而返雖能役使鬼神而
終同物化城南里餘有神廟世謂之張明府祠水
旱之不節則禱之廟前有圭碑文字紊碎不可復
尋碑側有小石函按桂陽先賢畫讚臨武張熹字
季智為平輿令時天下大旱熹躬雲東獲熹應乃
積柴自焚主簿崇小史張化從熹焚焉矣火既燎

天靈感應即澍南此熹自焚處也澺水又東南左
迤為葛陂陂方數十里水物含靈多所苞育昔費
長房投杖於陂而龍變所在也又劾東海君於是
陂矣陂水東出為鮦水俗謂之三丈陂亦曰三嚴
水水逕鮦陽縣故城南應劭曰縣在鮦水之陽漢
明帝永平中封衛尉陰興子慶為侯國也縣有葛
陵城建武十五年更名封經侯銚丹為侯國城之
東北有楚武王冢民謂之楚王瑟城城北祝社里
下土中得銅鼎銘曰楚武王是知武王墓也鮦陂
東注為富水水積之處謂之陂塘津渠交絡枝布
川隰矣澺水自葛陂東南逕新蔡縣故城東而東

南流注于汝水又東南逕下桑里左迤為横塘陂
又東為北清陂者也汝水又東南逕壷丘城北故
陳也春秋左傳文公九年楚侵陳尅壷丘以其使
於晋是也汝水又東與清陂合水上承慎水於慎
陽縣之上慎陂右瀆北主馬城陂陂西有黄丘亭
陂水於東逕新息亭北又東為緭陂陂水又東逕
新息縣結為墻陂陂水又東逕遂鄉南東而為壁
陂又東為青陂陂東對大吕亭春秋外傳曰當成
周者南有剌蠻中吕姜姓矣蔡平侯始封也西南
有小吕亭故此稱大也側陂南有青陂廟前廟有
阪漢靈帝建寧三十新蔡長河南緱氏李言上請

脩復青陂司徒臣訓尚書臣龔奏可洛陽宮於青陂東塘南樹碑碑稱青陂在縣坤地源起桐栢淮川別流入于瀙溪逕新息墻坡衍入褒信界灌溉五百餘頃陂水又東分為二水一水南入淮一水東南逕白亭北又東逕吳城南史記楚惠王二年子西召太子建之子勝於吳勝入居之故曰吳城也又東北屈逕壷丘東而北流注于汝水世謂之薄溪水汝水又東逕褒信縣故城北而東注矣

又東至原鹿縣

汝水又東南逕縣故城西杜預所釋地曰汝陰有原鹿縣也

南入于淮
所謂汝口側水有汝口戍淮汝之交會也
水經卷第二十一

水經卷第二十二

桑欽撰　酈道元注

穎水　洧水　潩水　潧水

穎水出穎川陽城縣西北少室山

秦始皇十七年滅韓以其地為穎川郡蓋因水以著稱者也漢高帝二年以為韓國王莽之左隊也山海經曰穎水出少室山地理志曰出陽城縣陽乾山今穎水有三源奇發右水出陽乾山之穎谷春秋穎考叔為其封人其水東北流中水導源少室通阜東南流逕負黍亭東春秋定公六年鄭伐馮滑負黍者也馮敬通顯志賦曰求善卷之所在

過許由於負黍京相璠曰負黍在潁川陽城縣西南二十七里世謂之黃城也亦或謂是水為隱水東與右水合左水出少室南溪東合潁水故作者干舉二三言水所發也呂氏春秋曰卞隨恥受湯讓自投此水而死張顯逸民傳嵇叔夜高士傳並言投洞水而死未知其孰是也

又東南過其縣南

潁水又東五渡水注之其水導源崈高縣東北太室東溪縣漢武帝置以奉太室山俗謂之崧陽城及春夏雨泛水自山頂而迭相灌澍崿流相承為二十八浦也陽旱輟津而石潭不耗道俗遊憩者

惟得飡飲而已無敢澡與其中苟不如法必數日
不豫是以行者憚之山下大澤周數里而清深肅
潔水中有立石高十餘丈廣二十許步上甚平整
緇素之士多泛舟昇陟取暢山情其水東流南陽
城西石溜紫委溯者五涉故亦謂之五渡水東南
流入潁水潁水逕其縣故城南昔舜禪禹禹避商
均伯益避啓並於此也亦周公以土圭測日景處
漢成帝永始元年封趙臨為侯國也縣南對箕山
山上有許由冢堯所封也故太史公曰余登箕山
之上有許由墓焉山下有牽牛墟側潁水有犢泉是
樊父還牛處也石上犢跡存焉又有許由廟碑闕

尚存是潁潁川太守朱寵所立潁水逕其北東與
龍淵水合其水導源龍淵東南流逕陽城北又東
南入于潁潁水又東平洛溪水注之水發玉女臺
下平洛澗世謂之平洛水呂忱所謂汋水出陽城
山蓋斯水也又東南流注于潁潁水又東出陽城
關歷康城南魏明帝封尚書右僕射衛臻為康鄉
侯此即臻封邑也
又東南過陽翟縣北
潁水東南流逕陽關聚聚夾水相對俗謂之東西
二土城也潁水又逕上棘城西又屈逕其城南春
秋左傳襄公十八年楚師伐鄭城上棘以涉潁者也

縣西有故堰堰石崩褫頹基尚存舊遏潁水枝流
所出也其故瀆東南逕三封山北今無水渠中又
有泉流出為時入謂之嵎水東逕三封山東東南
歷大陵西連山亦曰啓筮亭享神於大陵之上即
鈞臺也春秋左傳曰夏啓有鈞臺之饗是也杜預
曰河南陽翟縣南有鈞臺其水又東南流水積為
陂陂方十里俗謂之臺蓋陂指鈞臺取名也又西
南流逕夏亭城西又屈而東南為郟之靡陂潁水
自揭東逕陽翟縣故城北夏禹始封於此為夏國
故武王至周曰吾其有夏之居乎遂營洛邑徐廣
曰河南陽城陽翟則夏地也春秋經書秋鄭伯突

入于櫟左傳曰桓公十五年突殺檀伯而居之服虔曰守櫟大夫櫟鄭之大都宋忠曰今陽翟也周末韓景侯自新鄭徙都之王隱曰翟本櫟也故潁川郡治也城西有郭奉孝碑側水有九山祠碑叢栢猶茂北枕川流也

又東南過潁陽縣西又東南過潁陰縣西南

應劭曰縣在潁水之陽故邑氏之按東觀漢記漢封車騎將軍馮防為侯國防城門校尉位在九卿上絶席潁水又南逕潁鄉城西潁陰縣故城在東北舊許昌典農都尉治也後改為縣魏明帝封侍中辛毗為侯國也潁水又東南逕栢祠曲東歷罡

臺臨水方百步袁術所築也汝水別溝又東逕西
門城即南利也漢書宣帝封廣陵王胥子劉賓為
侯也縣北三十里有執城號曰北利故瀆出於二
利之間闞女陽之縣世名之死汝縣取水名故汝
陽也又東逕南頓縣故城又東南逕鮦陽城北又
東逕邸鄉城北又東逕固始縣故城北地理志縣
故寢也寢丘在南故藉丘名縣矣王莽更名之曰
治孫叔敖以土浸薄取而為封故能綿嗣城北猶
有叔敖碑建武二年司空李通又慕叔敖受邑故
光武以嘉之更名固始別汝又東逕蔡岡北岡上
有平陽侯相蔡昭冢昭字叔明周后稷之胄冢有

石闕闕前有二碑碑字淪碎不可復識羊虎傾低殆存而已枝汝又東北流逕胡城南而東歷汝陰縣故城西北東入潁水潁水又東逕汝陰縣故城北史記高祖功臣侯者年表曰高祖六年封夏侯嬰爲侯國王莽更名之曰汝濆也縣在汝水之陰故以汝水納稱城西有一城故陶丘鄉也汝陰郡汝城外東北隅有舊臺翼城若丘俗謂之女郎臺雖經頽毀猶自廣崇上有一井疑故陶丘鄉所未詳

又東南至慎縣東南入于淮

潁水東南流左合上吴百尺二水俱承次塘細陂南流注于潁潁水又東南江陂水注之水受大㴒

兵城南故汾丘城也春秋左傳襄公十八年楚子庚治丘於汾司馬彪曰襄城縣有汾丘杜預曰在襄城縣之東北也逕繁昌故縣北曲蠡之繁陽亭也魏書國志曰文帝以漢獻帝延康元年行至曲蠡登禪于是地改元黄初其年以潁陰之繁陽亭為繁昌縣城内有三臺時人謂之繁昌臺壇前有二碑昔魏文帝禪於此自壇而降曰舜禹之事吾知之矣故其石銘曰遂於繁昌築靈壇也於後其碑六字生金論者以為司馬金行故曾氏六世遷魏而事晋也潁水又東南流逕青陵亭城北北對青陵陂陂縱廣二十里潁水逕其北枝入為陂陂

西則瀙水注之水出襄城縣之邑城下東流注于
陂陂水又東入臨潁縣之狼陂潁水又東南流而
歷臨潁縣也
又東南過臨潁縣南又東南汝南㶏強縣北洧水從
河南密縣東流注之
臨潁舊縣也潁水自縣西小㶏水出爾雅曰潁別
為沙郭景純曰皆火水溢出別為小水之名也亦
由注別為沱也潁水又東南逕澤城北即古城皋
亭矣春秋經書云及諸侯盟于皋鼬者也皋澤字
相似名與字乖耳潁水又東逕㶏陽城南竹書紀
年曰孫何取㶏陽㶏強城在東北潁水不得逕其

北也潁水又東南溴水入焉非洧水也

又東過西華縣北

王莽更名之曰華望縣也有東故言西矣世祖光武皇帝建武中封鄧晨為侯國漢濟北戴封字平仲為西華令遇天旱慨治功無感乃積柴坐其上以自焚火起而大雨暴至遠近歎伏永元十三年徵太常也縣北有習陽城潁水逕其南也經所謂洧水流注之也

又南過汝陽縣北

縣故城南有汝水枝流故縣得厥稱矣闞駰曰本汝水別流其後枯竭号曰死汝水故其字無水余

按汝女乃方俗之音故字隨讀改未必一如闞氏之說以窮通損字也潁水又東大㶏水注之又東南逕慱陽縣城東城在南頓縣北四十里漢宣帝封邴吉為侯國王莽更名樂嘉

又東南過南頓縣北 㶏水從西来流注之

㶏水於樂嘉縣入潁不至於頓頓故頓子國也周之同姓春秋僖公二十五年楚伐陳納頓子于頓是也俗謂之頹陰城非也潁水又東南逕陳縣南又東南左會交口者也

又東南至新陽縣北蒗蕩渠水從西北来注之

經云蒗蕩渠者百尺溝之别名也南合交口新溝自

是東出潁上有堰謂之新陽堰俗謂之山陽堨非
也新溝自潁北東出縣在水北故應劭曰縣在新
水之陽今縣故城在東明潁水不出其北蓋經誤
耳潁水自東堰南流逕項縣故城北春秋僖公十
七年魯滅項是矣潁水又東右合谷水水上承平
鄉諸陂東北逕南頓縣故城南側城東注春秋左
傳所謂頓迫于陳而奔楚自頓徙南故曰南頓也
今其城在頓南三十餘里又東逕項城中楚襄王
所郭以為別都都內西南小城項縣故城也舊潁
州治谷水逕小城北又東逕刺史賈逵祠北王隱
言祠在城北非也廟在小城東昔王凌為宣王司

懿所執届廟而歎曰賈良道王淩魏之忠臣唯汝
有靈知之遂仰鴆而死廟前有碑碑石金生于寶
曰黄金可採為晉中興之瑞谷水又東流出城東
注潁潁水東側潁有公路城袁術所築也故世因
以術字名城矣潁水又東逕監潁城北城臨水闕
南面又東逕雲陽二城間南北翼水並非所具又
東逕丘頭丘頭南枕水魏書郡國志曰宣王軍次
丘頭王淩面縛水次故號武丘矣潁水又東南流
於故城北細水注之水上承陽都陂水枝分東
南出為細水東逕新陽縣故城北又東南逕宋公
縣故城北縣郪丘者也秦伐魏取郪丘謂是邑矣

漢成帝綏和元年詔封殷後於沛以存三統平帝
元始四年改曰宋公章帝建初四年徙邑於此故
号新鄭為宋公國也王莽之新延矣細水又南逕
細陽縣新溝注之新溝首受交口東北逕新陽縣
故城南漢高帝六年封呂清為侯國王莽更名曰
新明也故應劭曰縣在新水之陽今無水故渠舊
道而已東入澤渚而散流入細細水又東南逕細
陽故城南王莽更之曰樂慶也世祖建武中岑彭
子遵為侯國細水又東南積而為陂謂之次塘公
私引裂以供田溉又東南流屈而西南入潁地理
志曰細水出細陽縣東南入潁潁水又東南流逕

胡城故東胡子國也春秋定公十五年楚滅胡以
胡子豹歸是也杜預釋地曰汝陰縣西地有胡成
也潁水又東南汝水枝津之水上承汝水別瀆於
奇頟城東三十里世謂之大濦水也東南逕召陵
縣故城南春秋左傳僖公四年齊桓公師于召陵
責楚貢不入即此處也城內有大井徑數丈水至
清深闞駰曰召者高也其地丘墟井深數丈故以
名焉又東南逕征羌縣故邵陵縣之安陵鄉安陵
亭也世祖建武十一年以封中郎將來歙歙以征
定西羌功故更名征羌也闞駰引戰國策以為秦
昭王欲易地謂此也汝水別瀆又東逕公路臺北

陂陂水南流積為江陂南逕慎城西側城南流入于潁潁水又逕慎縣故城南縣故楚邑白公所居以拒吳春秋左傳哀帝十六年吳人伐慎白公敗之王莽之慎治也世祖建武中封劉賜為侯國潁水又東南逕蜩蟟郭東俗謂之鄭城矣又東南入于淮春秋昭公十二年楚子狩州來次于潁尾蓋潁水之會淮也

洧水出河南密縣西南馬領山

水出山下亦言出潁川陽城山山在陽城縣之東北蓋馬領之統目焉清水東南流逕一故臺南俗謂之陽子臺又東逕馬領塢北在山上塢下泉流

北注亦謂洧别源也而入于洧水洧水東注綏水
會焉水出方山綏溪即山海經所謂浮戲之山也
東南流逕漢弘農太守張伯雅墓塋四周壘石為
垣隅阿相降列於綏水之陰庚門表二石闕夾對
石獸於闕下冢前有石廟列植三碑碑云德字伯
雅河内密人也碑側樹兩石人有數石柱及諸石
數矣舊引綏水南入塋城而為池沼沼在丑地皆
蟾蠩吐水石湟承溜池之南又建石樓石廟前又
翼列諸獸但物謝時淪凋毀殆盡天富而非義比
之浮雲况復此乎王孫士安斯為達矣綏水又東
南流逕上郭亭南東南注洧洧水又東襄荷水注

之水出北山子節溪亦謂之子節水東南流于洧洧水又東會瀝滴泉水出深溪之側泉流丈餘懸水散注故世士以瀝滴稱南流入洧水也

又東南過其縣南

洧水又東流南與承雲二水合俱出承雲山二源雙導東南流注于洧世謂之東西承雲水洧水又東微水注之水出微山東北流入于洧洧水又東逕密縣故城南春秋謂之新城左傳僖公六年會諸侯伐鄭圍新密以鄭不時城也今縣城東門南側有漢密令卓茂祠茂字子康南陽苑人溫仁寬雅恭而有禮人有認其馬者茂與之曰若非公馬

幸至丞相府歸我遂梚車而去後馬主得馬謝而
還之任漢黃門即遷密令舉善而徵口無惡言教
化大行道不拾遺蝗不入境百姓為之立祠享祀
不輟矣洧水又左會璅泉水水出王亭西北流注
于洧水水又東南與馬關水合水出王亭下東北
流歷馬關謂之馬關水又東北注于洧洧水又東
合武定水水出北武定岡西南流又屈而東南流
逕零鳥塢西側塢東南流塢側有水懸流赴壑一
匹有餘直注澗下淪積成淵嬉遊者矚望奇為佳
觀俗人覩此水桂于塢側遂目之為零鳥水東南
流入于洧洧水又東與虎牘山水合水發南山虎

櫝溪東北流入洧洧水又東南赤澗水注之水出
武定岡東南流逕皇臺岡下又歷岡東東南流注
于洧洧水又東南流潧水注之洧水又東南逕鄶
城南世本曰陸終娶于鬼方氏之妹謂之女潰是
生六子孕三年啓其左脅三人出焉破其右脅三
人出焉其四曰求言是為之鄶鄶人者鄭是也鄭
桓公問於史伯曰王室多難予安逃死乎史伯曰
虢鄶公之民遷之可也鄭氏東遷虢鄶獻十邑焉
劉禎云鄶在豫州外方之北北鄰於鄶虢熒之南
左濟右洛居陽鄭兩水之間食溱洧焉徐廣曰鄶
在密縣妘姓矣不得在外方之北也洧水又東逕

陰坂北水有梁焉俗謂是濟為參辰口左傳襄公九年晉代鄭濟于陰坎次于陰口而還是也杜預曰陰坂洧津也服虔曰登南曰陰口者水口也參陰聲相近蓋傳呼之謬耳入晉居商參之分實沈之上鄭處辰火之野闕伯之地軍師所次故濟得其名也

又東過鄭縣南潧水從西北來注之

洧水舊東逕新鄭故城中左傳襄公元年晉韓厥師諸侯代鄭入其郛敗其徒兵於洧上是也竹書紀年晉文侯二年同惠王子多父代鄶克之乃居鄭父之丘名之曰鄭是曰桓公皇甫士安帝王世

紀云或言縣故有熊氏之墟黃帝之所都也鄭氏
徙居之故曰新鄭矣城内有貴祠名曰章乘是也
洧水又東為洧淵水春秋傳曰龍鬬于時門之外
洧淵則此潭也今洧水自鄭城西北入而東南流
逕鄭城南城之南門内舊外蛇與内蛇鬬内蛇死
六年大夫傳瑕殺鄭子入厲公自是徵也水南有
鄭莊公望母臺莊姜惡公寤生與段京居段不弟
姜氏無訓莊公居夫人故城潁舊曰不及黃泉無
相見期故城臺以望母用伸在心之思感考叔之
言忻大隧之賦洩洩之慈有嘉融融之孝得常矣
洧水又東與黃水合經所謂潧水非也黃水出太

山南黃泉東南流經華城西史伯謂鄭桓公曰華
君之土也韋昭曰華國名矣史記秦昭王二十四
年白起攻魏拔華陽走芒卯斬首十三萬司馬彪
曰華陽在密縣嵇叔夜常採藥於山澤學琴於古
人即此亭也黃水東南流又與上水合水出兩塘
中一源兩分泉流派別東為七虎澗水西流即是
水也其水西南流注於黃水黃即春秋之所謂黃
崖也故杜預云苑陵縣西有黃水者也又東南流
水側有二臺也謂之積粟臺臺東即二水之會也
捕章山水注之水出東捕章山西流注于黃水黃
水又南至鄭城北東轉於城之東北與黃溝合水

出捕章山東南流至鄭城東北入黄水黄水又東
南逕龍淵泉東南七里溝水注之水出隟候亭東
南平地東注又屈而南流逕升城東又其南歷燭
城西即鄭大夫燭之武邑也又南流注于洧水也

又東南過長社縣北

洧水東南流南濮北濮二水入焉濮音僕洧水又東
南與龍淵水合水出長社縣西北有故溝上承洧
水水盛則通注龍淵水減則律渠輟流其瀆中濊
泉南注東轉為淵淥水平潭清潔澄深俯視游魚
類若乘空矣所謂淵無潛鱗也又東逕長社縣故
城北鄭之長葛邑也春秋隱公五年宋人伐鄭圍

長葛是也後社樹暴長故曰長社魏潁川郡治也
余以景明中出宰茲郡於南城西側脩立客館枚
築既興於土下得一樹根甚壯大疑是故社怪長
暴茂者也稽之故說縣無龍淵水名蓋出近世矣
京相璠春秋土地名曰長社北界有禀水但是水
導於隍壍之中非北界之所謂又按京社地名並
云長社縣北有長葛鄉斯乃縣徙于南矣然則是
水即禀水也其水又東南逕棘城北左傳所謂楚
子伐鄭救齊次于棘澤者也禀水又東左注洧水
洧水又東南分為二水也其枝水東北流注沙一
水東逕許昌縣故許男國也姜姓四岳之後矣穆

天子傳所謂天子見許男子洧上者也漢章帝建初四年更封馬光為侯國春秋助期曰漢以許昌失天下及魏承漢歷遂改名許昌也城內有景福殿基魏明帝太和中造准價入百餘萬洧水又東入汶倉城內俗以是水為汶水故有汶倉之名非也蓋洧水之邸閣耳洧水又東逕隱陵縣故城南李奇曰六國為安陵也昔秦求易地唐且受使於此漢高帝十二年封都尉朱濞為侯國王莽更名左亭洧水又東隱陵陂水注之水出隱陵南陂東西南流注于洧水也

又東南過新汲縣東北

洧水自隱陵東逕桐丘南俗謂之天井陵又曰岡
非也洧水又屈而南流流水上有梁謂之桐門橋
籍桐丘以取稱亦言取桐門亭而目焉然不知亭
之所在未之詳也洧水又東南逕桐丘城春秋左
傳莊公二十八年楚伐鄭鄭人將奔桐丘即此城
也杜預春秋釋地曰潁川許昌城東北京相璠曰
鄭地也今圖無而城見存西南去許昌故城可三
十五里俗名之曰堤其城南即長堤因洧水之北
防也西面桐丘其城邪長而不方蓋憑丘之稱即
城之名矣洧水又東逕新汲縣故城北漢宣帝神
雀二年置於許之汲鄉曲洧城以河内有汲縣故

加新也漢宣帝建初四年封執金吾馬光為侯國
城在淯水南堤上又東淯水右迤為漢陂淯水又
逕匡城南扶潚之匡亭也又東淯水左迤為鴨子
陂也謂之大穴口也

又東南過茅城邑之東北

淯水自穴口東南逕淯陽城西南逕茅城東北又
南左合庱潚潚水上承淯水於大穴口東北枝分
東逕淯陽故城南俗謂之復陽城非也蓋淯復字
類音讀變漢建安中封司空祭酒郭奉孝為侯國
其水又東南為鴨子陂陂廣一十五里餘波南入
甲庱潚西注淯東北瀉沙淯水又南逕一故城西

世謂之思鄉城西去洧十五里洧水又右合濩陂水上承洧水新波縣南逕新汲故城東又南積而為陂陂之西北即長舍城陂水東翼洧堤西面茅邑自城北門列築昆道迄於此岡世尚謂之茅岡即經所謂茅邑地也陂水北出東入洧津西納北異流

又東過習陽城西折入于潁

洧水又東南逕辰亭東俗謂之田城非也蓋田辰聲相近城亭音韻聯故也經書魯宣公十一年楚子陳侯鄭伯盟于辰陵也京相璠曰潁川長平有故辰亭杜預曰長平縣東南有辰亭今此城在長

平城西北長平城在東南或杜氏之謬傳書之誤耳長平東南淋陂北畔有一阜東西減里南北五十許步俗謂之新亭臺又疑是杜氏所謂辰亭而未之詳也洧水又南逕長平縣故城西王莽之長正也洧水又南分為二水枝水東出謂之五梁溝逕習陽城北又東逕赭丘南丘上有故城郡國志曰長平故屬汝南縣有赭丘城即此城也又東逕長平城南東注澇陂洧水南出謂之雞籠水故水會有籠口之名矣河水又東逕習陽城西西南折入潁地理志曰洧水東南至長平縣入潁者也

潩水出河南密縣大騩山

大騩即具茨山也黄帝登具茨之山升於洪堤上受神芝圖於黄蓋童子即是山也溱水出其阿而流為陂俗謂之玉女池東逕陘山北史記魏襄王六年敗楚於陘山者也山上有鄭祭仲冢冢西有子産墓累石為方墳墳東有廟並東北向鄭城杜元凱言不忘本際廟舊有一枯柏樹其塵根故株之上多生雉栢列秀青青望之奇可嘉矣溱水又東南逕長社城林城西北南濮北濮二水出焉劉澄之著永初記云水經濮水源出大騩山東北流注泗衛靈聞音於水上殊為乖矣余按水經為溱水不為濮也是水首受溱水川渠雙引俱東注有

洧與之過沙枝流脉亂乎得通稱是以春秋昭公
九年遷城父人於陳以夷濮西田益之京相璠云
以夷之濮西田益也杜預亦言以夷田在濮水西
者與城父人服虔曰濮水名也且字類音同津瀾
邈別不得為北濮上源師氏傳音於其上矣渠水
又南逕鍾亭西又南逕皇亭又東南逕閔亭西又
東南逕宛亭西鄭大夫宛射犬之故邑也渠水又
南分二水一水南出逕胡城東故潁陰縣之狐人
亭也其水南結為陂謂之胡城陂渠水自枝渠東
逕曲強東皇陂水注之水出西北皇臺七女岡北
皇陂即古長社縣之濁澤也史記魏惠王元年韓

懿侯與趙成侯合軍伐魏戰於濁澤是也其陂水
北對雞鳴城即是社縣之濁城也陂水東南流逕
胡泉城北故潁陰縣之狐宗鄉也又東合狐城陂
水水上承陂水而東南流注于黄水謂之合作口
而東逕曲強城北東流入潩水時人謂之勑水非
也勑潩音相類故字從殸變耳渭水又東逕　武
亭間兩城相對疑是古之岑門史遷所謂走犀首
于岑門者也徐廣曰潁陰有岑亭未知是否潩水
又南逕射犬城東即鄭公孫射犬城也蓋俗謬耳
潩水又南逕潁陰縣故西魏明帝封司空陳群為
侯國俱水城西又東逕許昌城南又東南與宣帝

陂水合陂上承狼陂於潁陰城西南陂南北二十里東西十里春秋左傳曰楚子伐鄭師于狼是也其水東南入許昌縣逕臣陵城北鄭地也春秋左氏傳莊公十四年鄭厲公獲傅瑕於大陵京相璠曰潁川臨潁縣東北二十五里有故臣陵亭古大陵也其水又東積而為陂謂之宣梁陂也陂水又東南入潩水潩水又西南流逕陶城西又東南逕陶陂東

東南入于潁濆水出鄭縣西北平地

鄶水出鄶城北西雞絡塢下東南流逕賈復城西東南流左右潩水水出賈復城東南流注于潧潧

水又南左會承雲山水水出西北承雲山東南歷
渾子江東注世謂岡峽為五鳴口東南流注于潧
漕水又東南流歷下田川逕鄶城西謂之為柳泉
水也故史伯荅桓公曰君以成周之衆奉辭伐罪
若尅虢鄶君之土也如前莘後河右洛左濟王丕
騩而食潧洧循典刑以守之可以少固即謂此矣
潧水又南懸流奔壑崩注丈餘其下積水成潭廣
四十許步淵深難測又南注于洧詩所謂溱與洧
者也世所謂之為鄶水也
東過其縣北又東南過其縣東又南入于洧水
自鄶潧東南更無别瀆不得逕新鄭而會洧也鄭

城東入洧者黄崖水也盖經誤證耳
渠出滎陽北河東南過中牟縣之北
風俗通曰渠者水所居也渠水自河與泲亂流東
滎澤北東南分泲歷中牟縣之圃田澤北與陽武
分水澤多麻黄草故述征記曰踐縣境便覩斯卉
窮則知踰界今雖不能然諒亦非謬詩所謂東有
圃艸也皇武子曰鄭之有原圃猶秦之有具圃澤
在中牟縣西西限長城東極官度北佩渠水東西
四十許里南北二十許里中有沙岡上下二十四
浦津津流逕通淵潭相接各有名焉有大軏小軏
大灰小灰義魯練秋大白楊小白楊散嚇禹中牟

圈大鵲龍澤㚟罷大哀小哀大長小長大縮小縮
伯丘大蓋牛眠等浦水盛則北注渠溢則南播故
竹書紀年梁惠成王十年入河水于甫田又為大
溝而引甫水者也又有一瀆自酸棗受河道自濮
瀆歷酸棗逕陽武縣南出世謂之十字溝而屬於
渠或謂是瀆為渠惠之年所開而不能詳也斯甫
乃水澤之所鍾為鄭隰之淵藪矣渠又右合五池
溝上承澤水中流渠謂之五池口魏嘉年二年司
馬懿師中軍討大尉王淩於壽春自彼而還帝使
侍中韋誕勞軍于五池者也今其地為五池鄉矣
渠又東不家溝水注水出京縣東南梅山北溪春

秋襄公十八年蔿子馮公子格率鋭師侵費右廻
梅山杜預曰在密東北即是山也其水自溪東北
流逕管城西故管國也周武以封管叔矣成王幼
弱周公攝政管叔流言曰公将不利於孺子公賦
鴟鴞以代之即東山之許是也左傳宣公十二年
晋師救鄭楚次管以侍之杜預曰京縣東北有管
城者是也俗又謂之為管水東北分為二水一水
東北流注黄雀溝謂之黄淵淵周一百步其一水
東越長城東北流水積為淵南北二里東西百步謂
之百尺水北入圃田澤分為二水一水東北逕東
武強城北漢書曹參傳蔪擊羽嬰於昆陽追至葉

還攻武強因至滎陽薛瓚云按武強城左陽武縣
即斯城也漢高帝六年封騎将莊不識為侯國又
東北流左注于渠為不家水口也一水東流又屈
而南轉東南注白溝也渠又東清池水注之清池
水出清陽亭西南平地東北流逕清陽亭南東流
即故清人城也詩所謂清人在彭彭為高尅邑也
故杜預春秋釋地云中年縣西有清陽亭是也清
水又屈而北流至清口澤七虎澗水注之水出畢
城南岡一源兩派津川趣別西入黃崖溝東為七
虎溪亦謂之為華水也又東北流紫光溝水注之
水出華陽城東北而東流俗名曰紫光澗又東北

注華水華水又東逕棐城北即北林亭也春秋文
公與鄭伯宴于棐林子家賦鴻鴈者也春秋宣公
元年諸侯會于棐林以伐鄭楚救鄭遇於北林服
虔曰北林鄭南地也京相璠曰今滎陽苑陵縣有
故林鄉在新鄭北故曰北林也余按林鄉故城在
新鄭北東如北七十許里苑故城東南五十許里
不得在新鄭北也考京服三說並為疎矣杜預云
滎陽中牟縣西南有林亭在鄭北今是亭南去新
鄭故城四十許里蓋以南有林鄉亭故杜預據是
為北林最為密矣又以林鄉為棐亦或疑焉諸侯
會棐楚遇于此寧得知不在是而更指佗處也積

古之傳事或不謬矣又東北逕鹿臺南岡北出為
七虎澗東流期水注之水出期城西南平地世號
龍淵水東北流又北逕期城西又北與七虎澗合
謂之虎谿水亂流東注逕期城北東會清口水司
馬彪郡國志曰中牟有清口水即是水也清水又
東北白溝水注之水有二源北水出密之梅山東
南而東逕靖城南與南水合水南出合太山西北
流至靖城南左注北水即承水也山海經曰承水
出太山之陰東北流注于役水者也世所謂之靖
澗水也又東北流太水注之水出太山東平地山
海經曰太水出于太山之陽而東南流注于役水

世謂之禮水也東北逕武陵城西東北流注于承
水又東北入黄瓮澗北逕中陽城西城内有舊臺
甚秀臺側有陂池池水清深澗水又東屈逕其城
北竹書紀年梁惠成王十七年鄭釐侯来朝中陽
者也其水東北流為白溝又北東逕伯禽城北蓋
伯禽之魯往逕所由也屈而南流東渚于清水即
潘岳都碑所謂自中牟故縣以西西至于清溝指
是水也亂流東逕中牟宰魯恭祠南漢和帝時右
扶風魯恭字仲康以太尉掾遷中牟令政專德化
不任刑罰吏民敬信蝗不入境河南尹袁安疑不
實使部掾肥親按行之恭隨親行阡陌坐桑樹下

雉止其傍有小兒親曰兒何不擊雉曰將雛親起
曰蟲不入境一異化及鳥獸二異竪子懷仁三異
久留非優賢請還是年嘉水生縣庭安美其治以
狀上之徵博士待中車駕每出恭常陪乘上顧問
民政無所隱諱故能遺愛自古祠饗来今矣清溝
水又東北逕沇清疑即博浪亭也服虔曰博浪陽
武二水沙名也今有亭所未詳也歷博浪澤昔張
良為韓報仇於秦以金椎擊秦始皇不中中其副
車於此又北分於二水枝津東注後水清水自枝
流北注渠謂之清溝口渠又左逕陽武縣故城南
東為官渡水又逕曹太祖壘北有高臺謂之官渡

臺渡在中牟故世又謂中牟臺建安至年太祖營
官渡袁紹保陽武紹連營稍前依沙堆為屯東西
數十里公亦分營相禦合戰不利紹進臨官渡起
土山地道以逼壘公亦起高臺以捍之即中牟臺
也今臺北土山猶在山之東悉紹舊營遺臺並存
水又東逕田豐祠北袁本初慙不納其言害之時
人嘉其誠謀無辜見戮故立祠於是用表袁氏覆
滅之宜矣又東役水注之水出苑陵縣西隟候亭
東世謂此亭為却城非也蓋隟却聲相近耳中平
陂世名之坙泉也即古役水矣山海經曰役山役
水所出北流注于河疑是水也東北流逕苑陵縣故

城北東流北逕焦城東陽丘亭西也謂之焦溝水竹書紀年梁惠成王十六年秦公孫壯武鄭圍焦城不尅即此城也俗謂之驛城非也役水自陽丘亭東流逕山氏城北為高榆淵竹書紀年梁惠成王十六年秦公孫壯率師城上枳安陵山氏者也又東北為酢溝又東北魯溝水出焉役水又東北㙔溝水出焉又東北為八丈溝又東清水枝津注之水自沈城東派注于役水又東逕曹公壘南東與沫水合山海經云沫水所出北流注于役今是水出中牟城西南疑即沫水也東北流逕中牟縣故城昔趙獻侯自耿都北班固云趙自耶鄲徙焉

趙襄子時佛肸以中牟叛置鼎於庭不與己者烹
之田英將褰裳赴鼎處也薛瓚注漢書云中牟在
春秋之時之為鄭之堰也及三卿分晉則在魏之
邦土趙自漳北不及此也春秋傳曰衛侯如晉過
中牟非衛適晉之次也汲郡古文曰齊師伐趙東
鄙圍中牟此中牟不在趙之東也按中牟當在漯
水之上矣按春秋齊伐晉夷儀晉車千乘在中牟
衛侯過中牟中牟人欲伐之衛褚師固亡在中牟
曰衛雖小其君在未可勝也齊師尅城而驕遇之
必敗乃敗齊師服虔不列中牟所在杜預曰今滎
陽有中牟迴遠疑為非也然地理參差土無常域

隨其強弱自相吞并疆理留移寧可一也兵車所指逕紆難知自魏徙大梁趙以中牟易魏故趙之南界極于浮水匪直專漳也趙自西取後止中牟齊師伐其東鄙於宜無嫌而瓚逕濕水空言中牟所在非諫證也漢高帝十一年封單父聖為侯國沬水又東北注于後水昔魏太祖之背董卓也間行出中牟為亭長所録郭長公世語為縣所拘功曹請釋焉後水又東北逕中牟澤即鄭大叔攻雚蒲之盜於是澤也其水東流北屈注渠述征續記所謂自醬魁城到酢溝十里者渠水又東流而左會淵流其水上承聖女陂陂周二百餘步水無耗

竭湛然清滿而南流注于渠渠水又東南而注大
梁也
又東至浚儀縣
水東南逕西赤城北戴延之所謂西北有大梁亭
非也竹書紀年梁惠成王二十八年穰疵率師及
鄭孔夜戰于梁赫鄭師敗逋即此城也左則故瀆
出焉秦始皇二十年王賁斷故渠引水東南出以
灌大梁謂之梁溝又東逕大梁城南本春秋之陽
武高陽鄉也於戰國為大梁周梁伯之居之梁伯
好上功大其城號曰新里民疲而潰秦遂取焉後
魏息王自安邑徙都之故曰梁耳竹書紀年梁惠

成王六年四月甲寅徙邦于大梁是也秦滅魏以為縣漢文帝封孝王於梁孝王以土地下濕東都睢陽又改曰梁自是置縣以大梁城廣居其東城夷門之東夷門即侯嬴抱關處也續述征記曰以此城為師曠城言郭緣生曾遊此邑踐夷門升吹臺終古之跡緬焉盡在余謂此乃梁氏之臺門魏惠之即居非吹臺也當是誤證耳西征記論儀封人即此縣又非也竹書紀年梁惠成王三十一年三月為大溝於此郛以行圃田之水陳留風俗傳曰縣北有浚水像而儀之故曰浚儀余謂故汴涉陰溝矣浚之故曰浚其猶春秋之浚洙漢氏之儀

此下兩葉誤倒

水又東北逕中牟縣南又東北逕中牟澤與淵水合水出中牟縣城北城有層臺按郭公世語及干寶晋紀並言中牟縣故魏任城王臺下池中有漢時鐵錐長六尺入地三尺頭西南指不可動止月朔自正以為晋氏中興之瑞而今不知所在或言在中陽城池臺未知焉是淵水自池西出屈逕其城西而東南流注于汜汜水又東逕大梁亭南又東逕梁臺南東注渠渠水又東南流逕開封縣睢渙二水出焉右則新溝注之其水出逢池池上承後水于苑陵縣別為魯溝水東南流逕開封縣故城北漢高帝十一年封劉舍為侯國也陳留志稱

阮蘭字茂弘為開封令縣側有劫賊外白甚急數
簡方圍棊長肅吏云劫急簡曰局上有劫亦甚急
其躭樂如是故語林曰王中郎以圍棊為坐隱或
亦謂之為手談又謂之爲棊聖魯溝南際富城東
南入百尺陂即古之逢澤也徐廣史記音義云秦
孝公會諸侯于逢澤陂汲郡墓竹書紀年作逢
澤斯其處也故應德璉西征賦曰鸞衡東指弭節
逢澤其水東北流為新溝新溝又東北流逕牛首
鄉北謂之牛建城又東北注梁即沙水也音蔡許
慎正作沙音言水散石也從水少水少沙見矣楚東
有沙水謂此水也

浚渠耳無佗也皆变名矣其國多池沼時池中出
神劍到今其民像而作之號大梁氏之劍也渠又
北屈分為二水續述征記曰汴沙到浚儀而分也
汴東注沙南流其水更南流逕梁王吹臺東陳留
風俗傳曰縣有倉頡師曠城上有列仙之吹臺北
有牧澤中出蘭蒲土多儁髦今帶牧澤方一十五
里俗謂之蒲關澤即謂此矣梁王層築以為吹臺
城隍夷滅畧存故跡今層臺孤立於牧澤之右矣
其臺方一百許步即阮嗣宗詠懷詩所謂駕言發魏
都南向望吹臺蕭管有遺音梁生安在哉晋世喪
亂乞活憑居削墮故基遂成二層上基猶方四五

十步高一疋餘世謂之乞活臺又謂之娑臺城梁
水於此有陰溝洪溝之稱焉項羽與漢高分王指
是水以為東西之別故蘇秦說魏襄王曰大王之
地南有鴻溝是也故尉氏縣有波鄉亭波亭鴻溝
鄉鴻溝亭皆藉水以立稱也今蕭縣西亦有鴻溝
亭梁國睢陽縣東有鴻口亭先後談者亦指此以
為楚漢之分王非也蓋春秋之所謂紅澤者矣渠
右與汜水合其上承後水於苑陵縣縣故鄭都也
王莽之左亭縣也後水枝津東派為汜水者也而
世俗謂之泥溝水也春秋左傳僖公三十年晉侯
秦伯圍鄭晉軍函陵秦軍汜南所謂東汜者也其

屈南至扶溝縣北
沙水又東南逕牛首鄉東南魯渠水出焉亦謂之
宋溝也又逕陳留縣故城南孟康曰留鄭邑也後
為陳幷故曰陳留矣魯溝又東南逕圉縣故城北
縣苦楚難脩其干戈以圉其患故曰圉也或曰邉
陲之號矣歷萬人散王莽之篡也東郡太守翟義
興兵討莽莽遣奮威將軍孫建擊之於圉北義師
大敗尸積萬數血流溢道號其處為萬人散百姓
哀而祠之又歷魯溝亭又東南至陽夏縣故城西
漢高祖六年封陳豨為侯國魯溝又南入渦今無
水也沙水又東南逕斗城西左傳襄公三十年子

産殯伯有尸其臣葬之於是城也沙水又東南逕
牛首亭東左傳桓公十四年宋人與諸侯伐鄭東
郊取牛首者也俗謂之車牛城矣沙水又東南入
里溝出焉又東南逕陳留縣裘氏鄉裘氏亭西又
逕澹臺子羽冢東與八里溝合按陳留風俗傳曰
陳留縣裘氏鄉有澹臺子羽冢又有子羽祠祈禱
為京相璠曰今泰山南武城縣有澹臺子羽冢縣
人也未知孰是因其方誌所叙就記纏絡焉溝水
上承沙河而西南流逕牛首亭南與百尺陂水合
其水自波南逕開封城東三里岡左屈而西流南
轉注八里溝又南得野兎水口水上承西南兎氏

亭北野兔陂鄭地也春秋傳云鄭伯勞屈生于兔氏也陂水東北入八里溝八里溝水又南逕右倉城西又南逕兔氏亭東又南逕邵亭西東入沙水沙水南逕扶溝縣故城東縣即潁川之數平鄉也有扶亭又有洧水溝故縣有扶溝之名焉建武元年漢光武封平狄將軍朱鮪為侯國沙水又東與康溝水合水首受洧水於長社縣東東北逕向岡西即鄭之向鄉也後人遏其上口今水盛則北注水耗則輟流又有長明溝水注之水出苑陵縣故城西北縣有二城此則西城也二城以東悉多陂澤即古制澤也京相璠曰鄭地杜預曰澤即滎陽苑

陵縣東即春秋之制曰也故城西北平地出泉謂之龍淵泉淵水流逕陵丘亭西又西重泉水注之水出西城北平地泉湧南流逕陵丘亭西西南注龍淵水龍淵水又東南逕凡陽亭西而南入白鴈陂陂在長社東北東西七里南北十里在林鄉之西南司馬彪郡國志曰苑陵有林鄉亭白鴈陂又引瀆南流謂之長明溝東轉北屈又東逕向城北城側向岡左傳襄公十一年諸侯伐鄭師于向者也又東右迤為染澤陂而東注于蔡澤陂長明溝又東逕尉氏縣故城南圈稱云尉氏鄭國之東鄙弊獄官名也鄭大夫尉氏之邑故棄盈曰盈將歸

死于尉氏也溝瀆自是三分北分為康溝東逕平陸縣故城北高后元年封楚元主子禮為侯國建武元年以戶不滿三千罷為尉氏縣之陵樹鄉又有陵樹亭漢建安中封尚書荀攸為陵樹鄉侯故陳留風俗傳曰陵樹鄉故平陸縣也北有天澤名曰長樂廐康溝又東逕城溝縣之白亭北陳留風俗傳曰扶溝縣有帛鄉帛亭名在七鄉十二亭中康溝又東逕少曲亭陳留風俗傳曰尉氏縣有少世亭俗謂之為小城也又東南逕扶溝縣故城東而東南注沙水沙水又南會南水其水南流又分為二水一水南合關亭東又東南流與左水合其

水自枝瀆南逕召陵亭西疑即扶溝之亭也而東
南合右水世以是水與隱陵陂陂水雙導亦謂之雙
溝又東南入沙水沙水南與蔡澤陂水合水出隱陵
城西北春秋成公十六年晉楚相遇于隱陵吕錡
射中共王自養由基又射殺之亦子反酒自斃處
也陂東西五里南北十里陂水東逕匡城北城在
新汲縣之東北即扶溝縣之巨亭也亭在匡城鄉春
秋文公元年諸侯朝晉衛成公不致使孔達侵鄭及
匡即此邑也今陳留長垣縣南有匡城即平丘之
匡亭也襄邑又有承匡城然匡居陳衛之間亦往
往有異邑矣陂水又東南至扶洛城北又東南入

沙水沙水又南逕小扶城西而流也城即扶溝縣之平周亭東漢順帝永年中封陳敬王孫子恭爲侯國沙水又東南逕大扶城西城即扶鄉故縣也城北二里有袁梁碑云梁陳扶樂人後漢世祖建武十七年更封劉隆爲扶樂侯即此城也渦水於是分焉不得在扶溝北便分爲二水也

其一者東南過陳縣也

沙水又東南逕東華城西又東西沙水枝瀆西南達洧謂之甲更溝今無水沙水又南與廣漕渠合上承龐官破云鄧艾所開也雖水流廢興溝瀆尚夥昔賈逵爲魏豫州刺史通運渠二百里餘亦所

謂賈侯渠也而川渠逕復交錯畛陌無以辨之決
水又東逕長平縣故城北又東南逕陳城北故陳
國也伏羲神農並都之陳東北三十許里猶有羲
神實中舜後僞滿爲周陶正城王賴其器用妻以
元女太姬而封諸陳以備三恪太姬好祭祀故詩
所謂坎其擊鼓苑丘之下也苑丘在陳城南道東
王隱云漸欲平今不知所在矣楚討陳殺夏徵舒
於栗門以爲夏州後成之東門内有池池水東西
七十步南北八十許步水至清潔而不耗竭不生
臭草水中有故臺處詩所謂東門之池也城内有
漢相王君造四縣邸碑文字剥缺不可悉識其略

曰睢茲陳國故曰淮陽郡云云王清惠著聞為百
姓畏愛求賢養七千有餘人賜與田宅更舍自損
奉錢助之成邸五官掾西華陳騏等二百五人以
延熹二年云云故其頌曰修德立功四縣回附今
碑之左右遺墉尚存基礎猶在時人不復尋其碑
證云孔子廟學非也後楚襄王為秦所滅徙都於
此文穎曰西楚矣三楚斯其一焉城南郭裏又有
一城名曰淮陽城子產所置也漢高帝十一年以
為淮陽國王莽更名新平縣曰陵陳故豫州治王
隱晉書地道記云城北有故沙名之為死沙而今
水流津通漕運所由矣沙水又東而南屈逕陳城

東謂之百尺溝又南分於二水沙水出焉溝水東
南流谷水注之水源上承澇陂陂在陳城西北南
暨華城皆為陂矣陂水東流謂之谷水東逕澇城
北王隱曰犖北有谷水是也犖即即檉矣經書公會
齊宋于檉者也杜預曰檉檉即犖也在陳縣西北為
非檉小城也在陳郡西南谷水又東流逕陳城南
又東流入于沙沙水又東南流注于潁謂之交口
水次有大堰即古百尺堰也魏書國志曰司馬宣
王尉太尉王淩大軍至百尺堨即此堨也今俗呼
之為山陽堰非也蓋新水首受潁於百尺溝王莽
名郡為新平故堰兼有新陽之名也以是推之悟

故俗謂之非矣

又東南至汝南新陽縣北

沙水自百尺溝東逕寧平縣之故城南晉陽秋稱晉太傅東海王越之東葬也石勒追之憤尸於此數十萬衆斂手受害勒縱騎圍射尸積如山王夷甫死焉余謂俊者所以智勝羣情辨者所以文身祛惑夷甫雖體荷儁令口檀雌黃汙辱君親獲罪羯勒史官方之舉正諒為褒矣沙水又東積而為陂謂之陽都明水注之水上沙水枝津東出逕汝南郡之宜祿縣故城北王莽之賞都亭也明水又東流北注于陂陂水東南流謂之細水又東逕新

陽縣北又東高被水東出焉沙水又東分為二水
即春秋所謂夷濮之水也枝津北逕譙縣故城西
側城入渦沙水東南逕城父縣西南枝津出焉俗
謂之章水也一水東注即注水也俗謂之欠水也
東逕城父縣之故城南東流注之
又東南過山桑縣北
山桑故城在渦水北沙水不得逕其北明矣經言
過北誤也
又東南過龍亢縣南
沙水故城北又東南逕白鹿城北而東注也
又東南過義城縣西南入于淮

義城縣故屬沛後隸九江沙水東流注于淮謂水
沙汭京相璠曰楚東地也春秋左傳昭公二十七
年楚令尹子常以舟師及沙汭而還杜預曰沙水
名也

水經卷第二十二

水經卷第二十三

桑欽撰　酈道元注

陰溝水　汳水

陰溝水出河南陽武縣蒗蕩渠

陰溝首受於大河卷縣故瀆東南逕卷縣故城南又東逕蒙城此史記秦莊襄王元年蒙驁擊取成皋滎陽初置三川郡疑即驁所築也於事未詳故瀆東分為二世謂之陰溝京相璠以為出河之濟又非所究俱東絶濟隧右溝東西逕陽池城北東南絶長城逕安亭北又東北會左瀆左瀆又東絶長城逕垣雍城南昔晉文公戰勝于楚周襄王勞

之於此故春秋書甲午至于衡雝作王宮於踐土
呂氏春秋曰尊天子於衡雝者也郡國志曰卷縣
有垣雝城即史記所記韓獻秦桓公是也又東逕
開光亭南又東逕清陽亭南又東合右瀆又東南
逕封丘縣絶濟瀆東南至大梁合蒗蕩渠梁溝既
門蒗蕩渠故瀆實兼陰溝浚儀之稱故云出武陽
逕大梁城北左屈溝與梁合俱東南流同受鴻溝
也之目其川流之會左瀆東導者即汳水也蓋津
源之變名矣故經云陰溝出蒗者也

東南至沛為過水

陰溝始亂蒗蕩終別於沙而過水出焉過水受沙

於扶溝縣爾雅曰過為洵郭景純曰大水泆為水
水也呂忱曰洵過水也過水逕大扶城西城之東北
悉諸袁舊基碑字傾低羊虎碎折唯司徒滂蜀郡
太守騰傅平令光碑字所存唯此自餘殆不可尋
過又東南逕陽夏縣西又東逕邈城北城實中而
西有璅郭過水又東逕大棘城南故鄢之大棘鄉
也春秋宣公二年宋華元與鄭公子歸生戰于大
棘獲華元左傳曰華元食士不及其御將戰羊斟
曰疇昔之羊子為政今日之事我為政遂御入鄭
故見獲焉後其地為楚莊所并故圈稱曰大棘也
地有楚太子建之墳及五員釣臺池沼其存過水

又東逕安平縣故城北陳留風俗傳曰大棘鄉故安平縣也士人敦惷易以統御過水又東逕鹿邑城北世謂之虎鄉城非也春秋之鳴鹿矣杜預曰陳國武平西南有鹿邑亭是也城南十里有晉中散大夫胡均碑元康八年立過水之北有漢溫令許續碑續字嗣公陳國人也舉賢良拜議郎遷溫令延熹中立過水又東逕武平縣故城城之西南七里許有漢尚書令虞詡碑碑題云虞君之碑諱詡字定安虞仲後為朝歌令武都太守文字多缺不復可尋按范曄漢書詡字升卿陳國武平人祖為縣獄吏治存寬恕嘗曰子公為里門子為丞相吾

雖不及于公子孫不必不為九卿故字翊曰升卿定安蓋其幼字也魏武王初封於此終以武平華夏矣過水又東逕廣鄉城北圈稱曰襄邑有蛇丘亭故鄉矣改曰廣世後漢順帝陽嘉四年封侍中摯頊為侯國即廣鄉也過水又東逕苦縣西南分為二水枝流注于東北賴城入谷謂死過也過水又南東屈逕苦縣故城南郡國志曰春秋之相也王莽更名之曰賴陵矣城之四門列築馳道東起賴鄉南自南門越水直指故臺西面南門列道徑趣廣鄉道西門馳道西屆武平北門馳道暨于北臺過水又東而北屈至賴鄉谷水注之谷水首受

渙水於襄邑縣東東逕承匡城東春秋經書夏叔
彭生會晉郤鈌于承匡左傳曰謀諸侯之從楚也
京相璠曰今陳留襄邑西三十里有故承匡城谷
水又東南逕巳吾縣故城西陳留風俗傳曰縣故
宋也雜以陳楚之地故梁國寧陵縣之徙種龍鄉
也以成哀之世户至八九千冠帶之徙求置縣矣
永元十一年陳王削地以大棘鄉直陽鄉十二年
自隱隸之命以嘉名曰巳吾猶有陳楚之俗焉谷
水又東逕柘縣故城東地理志淮陽之屬縣也城
内有柘令許君清德頌石碑字紊唯此文見碑城
西南里許有漢陽穜令許叔臺碑光和中立又有

漢故樂成陵令太尉掾許嬰碑嬰字稟鄉司隸校
尉之子大建寧年立餘碑文字碎滅不復可觀當
似司隸諸碑也谷水又東逕苦縣故城中水泛則
四周隍壍耗則孤津獨逝谷水又東逕賴城鄉南
其城實中東北隅有臺偏高俗以是臺在谷水其
城又謂之谷陽臺非也谷水自此東入過水過水
又北逕老子廟東廟前有二碑在南門外漢桓帝
尼宮管霸祠老子命陳相邊韶碑北有雙石闕甚
整頓石闕南側魏文帝黃初三年逕譙所勤闕北
東側有孔子廟廟前有一碑西面是陳相魯國孔
疇建和三年立北則老君廟廟東院中有九井焉

又北過水之側又有李老母前廟廟在老子廟北廟前有李母冢冢東有碑是永興元年譙令長沙王阜所立碑云老子生於曲過間許慎又云過水首受淮陽扶溝縣蒗蕩渠不得至沛方為過水也過水又屈東逕相縣故城南其城卑小實中邊韶老子碑又云老子楚相縣人也相縣虛荒今屬苦故城猶存在賴游鄉之東過水處其陽然即此城也自是無郭以應之過水又東逕譙縣故城北春秋左傳僖公二十二年楚成得臣師師伐陳遂取譙成頓而還是也王莽之延成亭也魏立譙郡沇州治沙水自南枝分北逕譙城西而北注過過水

四周城側城南有曹嵩冢冢北有碑碑北有廟堂
餘基尚存柱礎仍在廟北有二石闕雙峙高一丈
六尺榱櫨及柱皆雕鏤雲炬上復思巳碎闕北有
圭碑題云漢故中常侍長樂太僕特進費亭侯曹
君之碑延熹三年立碑陰又刊石策二碑文同夾
碑東西列對兩石馬高八尺五寸石作粗拙不匹
光武隧道所表象馬也騰兄冢冢東有碑題云漢
故潁川太守曹君墓延熹九年卒而不刊樹碑歲
月墳北有其元子熾冢冢東有碑題云漢故長水校
尉曹君之碑歷太中大夫司馬長史侍中遷長水
年三十九卒熹平六年造熾弟胤冢冢東有碑題云

漢謁者曹君之碑熹平六年立城東有曹太祖舊宅
所在員郭對廛側隍臨水魏書曰太祖作議郎告疾
歸鄉里築室城外習讀書傳秋冬射獵以自娛樂文
帝以漢中平四年生於此上有青雲如車蓋終日乃
解即是處也後文帝以延康元年幸譙大饗父老立
壇於故宅壇前樹碑碑題云大饗之碑碑之東北過
水南有譙定王司馬士會冢冢前有碑晉永嘉三年
立碑南二百許步有兩石柱高丈餘半下為東竹交
文作制乃士石牓云晉故使持節散騎常侍都督楊
州江州諸軍事安東大將軍譙定王河内溫公司馬
墓之神道過水又東逕朱龜墓北東南流冢南流冢

南枕道有碑碑題云漢故幽州刺史朱君之碑龜字
泪靈光和六年卒官故吏别駕從事史石北平無終
年化中平二年造碑陰刋故吏姓名悉薊涿及上谷
北平等人過水東南逕層丘北丘阜獨秀巍然介立
故壁壘所在也過水又東南逕城父縣故城沙水枝
分注之水上承沙水於思善縣世謂之漳水故有漳
頭之名也東北流逕城父故城西側城東北流入于
過過水又東逕下父城北郡國志曰山桑縣有下父
聚者也過水又屈逕其聚東郎山西又東南屈逕郎
山南山東有垂惠聚世謂之禮成袁崧郡國志曰山桑
縣有垂惠聚即此城也過水又東南逕過陽城北臨

側過水魏太和為州治以蓋表為刺史後罷州立碑
衿帶遏戍過水又東南逕龍亢縣故城南漢建武十
三年世祖封傅昌為侯國故語曰沛國龍亢至山桑
者也過又屈而南流出石梁梁石崩褫浹岸積石
高二丈水歷其間又東南流逕荊山北而東流注也

又東南至下邳淮陵縣入于淮

過水又東左合北肥水肥水出山桑縣西北澤藪
東南流左右翼佩數源異出洞歸蓋微脉涓注耳
東南流逕山桑邑南俗謂之北平城昔文欽之封
山桑侯疑食邑於此城東南有一碑碑文悉破無
驗唯碑背故吏姓名 尚存熹平元年義北門生沛

國簫劉定興立北肥水又東逕山桑縣故城南俗謂之都亭城非也今城内東側猶有山亭桀立陵阜高峻非洪臺所擬十三州志所謂山生於邑其庭有桑因以氏縣者也郭城東有文穆碑冢三世二千石穆郡户曹史徵試慱士太常丞以明氣候擢拜侍中右中郎将遷九江彭城陳留四部光和中卒故吏涿郡太守彭城呂虔等立北肥水又東積而為陂謂之瑕陂陂水又東南逕瑕城南春秋左傳成公十六年楚師還及瑕即此城也故京相璠曰瑕楚地北肥又東南逕向縣故城南城理志曰故向國也世本曰許州向中姜姓也炎帝後京

相璠曰向沛國縣今并屬譙國龍亢也杜預曰龍亢縣東有向城漢世祖建武十三年更封富波侯王霸為侯國即此城也俗謂之圓城非又東南逕義城南世謂之楮城非又東入于過過水又東注淮經言下邳淮陵入淮誤矣

汳水出陰溝于浚儀縣北

陰溝即蒗蕩渠也亦言汳受旃然水又云丹沁亂流於武德絶河南入滎陽合汳故汳兼丹水之稱河泲水新汳承旃然而東自王賁灌大梁水出縣南而不逕其北夏水洪泛則是瀆津通故渠即陰溝也於大梁北又曰浚水矣故圈稱著陳留風俗傳

曰浚水逕其北者也又東汳水出焉故經云汳出陰溝於浚儀縣北也汳水東逕倉垣城南即大梁縣之倉垣亭也城臨汳水陳留相畢邈治此征東將軍荀晞之西也邈走歸京晞使司馬東萊王讃代據倉垣斷留運漕汳水又東逕陳留縣之鉼鄉亭北陳留風俗傳所謂縣有鉼鄉亭即斯亭也以水又逕小黃縣故城南神仙傳稱靈壽光扶風入死於江陵胡罔家罔殯埋之後百餘曰人有見光於此縣寄書與罔罔發視之唯有履存反水又東逕鳴鴈亭南春秋左傳成公十六年衛侯伐鄭至于鳴鴈者也杜預釋地云在雍丘縣西北今俗人

尚謂之為白馬亭汳水又東逕雍丘縣故城北逕
陽樂城南西征記曰城在汳北一里周五里雍丘
縣界汳水又東有故渠出焉南通睢水謂之董生
決或言董氏作亂引水南睢水故斯水受名焉今
無水汳水又東枝津出焉俗名之為洛架口西征
記曰洛架水名也續述征記曰在董生決下二里
汳水又逕外黃縣南又東逕莠倉城北續述征記
曰莠倉城去大游墓二十里又東逕大齊城南陳
留風俗傳曰外黃縣有大齊亭又東逕科城北陳
留風俗傳曰縣有科稟亭是則料稟亭也汳水又
東逕小齊城南汳水又南逕利望亭南風俗傳曰

故曰成安也地理志曰陳留舊庆漢武帝以封韓延年為侯國汳水又東龍門故瀆出焉瀆舊通睢水故西征記曰龍門水名也門北有土臺高三丈餘上方數十步汳水又東逕濟陽考城縣故城南為甾獲渠考成縣周之采邑也於春秋為戴國矣左傳莊公十年秋宋衛蔡伐戴是也漢高帝十一年秋封彭祖為侯國陳留風俗傳曰秦之穀縣也後遭漢兵起邑多災年故改曰甾縣王莽更名嘉漢章帝東巡過縣詔曰陳留甾縣其名不善高祖鄙柏人之邑世宗休聞喜而顯獲嘉應亨吉元符嘉皇靈之故賜越有先列考武王其改甾縣曰考城是

瀆蓋因縣以獲名矣汳水又東逕寧陵縣之沙陽亭北故沙隨國矣春秋左傳成公十六年秋會于沙隨謀伐鄭也杜預釋地曰在梁國寧陵縣北沙陽亭是也世以為堂誠非也汳水又東逕黃蒿塢北續述征記曰堂城至黃蒿二十里汳水又東逕斜城下續述征記曰黃蒿到斜城五里陳留風俗傳曰考城縣有斜亭汳水東逕周塢側續述征記曰斜城東三里晉義熙中劉公遣周超之自彭城緣汳故溝斬樹穿道七百餘里以開水路停薄於此故兹塢流稱矣汳水又東逕葛城北故葛伯之國也孟子曰葛伯不祀湯問曰何為不祀稱無以

供祠祭降葛伯葛伯又不祀湯又問之曰無以供
犧牲湯又遺之又不祀湯又問之曰無以供粢盛
湯使亳衆往為之耕老弱饋食葛伯又率民奪之
不授者則殺之湯乃伐葛葛於六國屬魏魏襄王
以封公子無忌號信陵君其地葛鄉即是城也在
寧陵縣四千里汳水又東逕神坈塢又東逕夏侯
長塢續述征記曰夏侯塢至周塢各相距五里汳
水又東逕梁國睢陽縣故城北而東歷襄鄉塢南
續述征記曰西去夏矦塢二十里東一里即襄鄉
浮圖也汳水逕其南漢熹平君所立死因葬之弟
刻石樹碑以進厥德遂前有師子天鹿累塼作百

達柱八所荒蕪頽毀凋落畧盡矣

又東至梁郡蒙縣為睢水餘波南入淮陽城中

汳水又東逕貫城南俗謂之薄城非也闞駰十三州志以為貫城也在蒙縣西北春秋僖公二年齊侯宋公江黄盟于貫杜預以為貫也云貫貫字相似貫在齊謂貫澤也是以非此也今於此地更無他城在蒙西北唯是邑耳考文准地貫邑明矣非毫可知汳水又東逕濛縣故城北俗謂之小蒙城也西征記城在汳水南十五六里即莊周之本邑也為蒙之漆園吏郭景純所謂漆園有傲吏者也悼惠施之没杜門於此邑矣汳水自縣南出今無復

有水唯睢陽城南側有小水南流入于睢城南二
里有漢太傅掾橋載墓碑載字元賔梁國睢陽人
也睢陽公子熹平五年立城東百步有石室刊石
漢鴻臚橋仁祀城北五里有石虎石柱而無碑誌
不知建也汳水又東逕大蒙城北自古不聞有二
蒙疑即蒙亳也所謂景薄為此亳矣椒舉云商湯
有景亳之命者也闞駰曰湯都也亳本帝嚳之墟
在禹貢豫州河洛之間今河南偃師城西二十里
尸鄉亭是也皇甫謐以為考之事實學者失之如
孟子之言湯居亳與葛為鄰是即亳與葛比也湯
地七十里葛又伯耳封域有限而寧陂去偃師八

百里不得童子饋餉而為之耕今梁園自有二亳南亳在穀熟北亳在蒙非偃師也古文仲虺之誥曰葛伯仇餉征自葛始即孟子之言是也崔駰曰湯冢在濟陰薄縣北皇覽曰薄城北郭東三里平地有湯冢冢四方方各十步高七尺上平也漢哀帝建平元年大司空史卻長卿按行水災因行湯冢在漢屬扶風今徵之廻渠亭有湯池徵陌是也然不經見難得而詳按秦寧公本紀云二年伐湯三年與亳戰亳王奔戎遂滅湯然則周穆桓王時自有亳王號湯為余所滅乃西戎之國葬於徵者也非殷湯矣劉向言殷湯無葬處為疑杜預曰梁

國蒙縣北有薄伐城城中有成湯冢其西有箕子冢今城内有故冢方墳疑即杜阮凱之所謂湯冢者也而先謂之王子喬冢冢側有碑題云仙人王子喬碑曰王子喬者蓋上世之真人聞其仙不知興何代也博問道家或言潁川或言產蒙初建此城則有斯立傳承先民曰王氏墓暨于永和之元年冬十二月當臘之時夜上有哭聲其音甚哀附居者王伯怪之明則祭而察焉時天鴻雪下無人徑有大鳥跡在祭祀處左右咸以為神其後有人著大冠絳單衣杖竹立冢前呼採薪孺子伊永昌曰我王子喬也勿得取吾墳上樹也忽然不見時

令太山萬喜稽故老之言感精瑞之應乃造靈廟
以休厥神於是好道之疇自遠方集或絃琴以歌
太一或譚思以歷丹思知至德之兆寔真人之祖
先延熹八年秋八月皇帝遣使者奉犧牲致禮祠
濯之敬肅如也國相東萊王璋字伯義以為神聖
所興必有銘表乃與長史邊乾遂樹之玄石紀頌
遺烈觀其碑文意似非遠既在逕見不能不書存
獲水出汳水於梁郡蒙縣北
漢書地理志曰獲水也十三州志曰首受留獲渠
亦兼丹水之稱也竹書紀年曰宋殺其大夫皇緩
于丹水之上又曰宋大水丹水壅不流蓋汳水之

變名也獲水自蒙東山水南有漢故繹幕令匡碑
匡字公輔魯府君之少子也碑字碎落不可尋識
竟不知所立歲月也獲水又東逕長樂固北巳氏
縣南東南流逕于蒙澤十三州志曰蒙澤在縣東
春秋莊公十二年宋萬與公諍博殺閔公於斯澤
矣汳水又東逕虞縣故城北古虞國也昔夏少康
逃奔有虞為之庖正虞思於是妻之以二姚者也
王莽之陳定亭也城東有漢司徒公盛允字伯世
梁國虞人也其先奭氏至漢中葉避孝元皇帝諱
改姓曰盛世濟其美以迄于公察孝廉除郎累遷
司空司徒延熹中立墓中有石廟廟宇傾頹基構

有尋獲水又東南逕空桐澤北澤在虞城東南春秋哀公二十六年冬公遊于空澤于連中火尹左師興空澤之士千甲奉公自空桐入如沃宮者矣獲又逕龍譙國又東合黃水口上承黃陂下注獲水獲水又東入櫟林世謂之九里柞獲水又東南逕下邑縣故城北楚考烈王滅魯頃公亡遷下邑又楚漢彭城之戰呂后弟周軍於下邑高祖敗還從周軍子房肇捐地之策收垓下之師戰陸機所謂即下邑者也王莽更名下治矣獲水又東逕碭山縣故城北應劭曰縣有碭山山在東出文石秦立碭郡蓋取山之名也王莽之節碭縣也山有梁

孝王墓其冢斬山作郭穿石為藏行一里到藏中
有數尺水水有大鯉魚黎萌謂藏有神不敢犯之
凡到藏皆絜齋而進不齋者至藏輒有獸噬其足
獸難得見見者云似狗所永詳也山上有梁孝王
祠獲水又東穀水注之上承陽陂陂中有香城城
在四水之中承諸陂散流謂零水褭水清水也積
而成潭謂之碭水趙人有琴高者以善鼓琴為康
王舍入行彭涓之術遊浮碭郡間二百餘年後入
碭水中取龍子與弟子期曰皆絜齋待於水傍設
屋祠果乘赤鯉魚出入坐祠中碭中有可萬人觀
之留月餘復入水也破水東注謂之穀水東逕安

山北即碭北山也山有陳勝覬秦亂首兵伐秦弗終厥謀死葬於碭謚曰隱王也穀水又東北注于獲水獲水又東歷䕢田鄉郭又東逕梁國杼秋縣故城南王莽之子秋也獲水又東歷洪溝東注之水南北各一溝溝首對獲世謂之洪溝非也春秋昭公八年秋蒐于紅杜預曰沛國蕭縣西有紅亭即地理志之虹縣高后三年封楚王元子富為侯國王莽之所謂貢矣蓋溝名是同非楚漢所分也

又東過蕭縣南

獲水北流注之蕭縣南對山世謂之蕭城南山也戴延之謂之同孝山云取漢陽城侯劉德所居里

名目山也劉澄之云縣南有胃山未詳孰是也山
有箕谷谷水北流注獲世謂之西流水言水上承
梧桐陂陂水西流因以為名也余嘗逕蕭邑城右
唯是水北注獲水更無别疑即經所謂睢水也城
東西及南三面臨側獲水故沛郡治縣亦同居矣
城南舊有石橋虧耗積石為梁高二丈今荒毀殆
盡亦不具誰所造也 縣本蕭叔國宋附庸楚滅之
春秋宣公十一年楚伐蕭蕭潰申公巫臣曰師人
多寒王巡三軍撫之士同挾纊蓋恩使之然矣蕭
女娉齊為頃公之母郤克所謂蕭同叔子也獲水
又東歷龍城不知誰所創築也獲水又東逕同孝

山北山陰有楚元王冢上圓下方累石為之高十
餘丈廣百許步經十餘墳悉結石也獲水又東淨
淨溝水注之水上承梧桐陂西北流即劉中書澄
之所謂白溝水也又北入于獲俗名之曰淨淨溝也

又東至彭城縣北東入于泗

獲水自淨淨溝東逕阿育王寺北或言楚王英所
造非所詳也蓋遵育王之遺法因以名焉與安陂
水合水上承安陂餘波北逕育王寺側水上有梁
謂之玄注橋水傍有石墓宿經開發石作工奇殊
為莊溝而不知誰冢疑即澄之所謂淩冢也水北
流注于獲獲水又東逕彌黎城北劉澄之水初記

所謂城之西南有彌黎城者也獲水於彭城西南廻
而北流逕彭城城西北舊有楚大夫龔勝宅即楚
老哭勝處也獲水又東轉逕城北而東注泗水北
三里有石冢被開傳言楚元王之孫劉向冢未詳
是否城即殷大夫彭之國也於春秋為宋地 楚
伐宋并之以封魚石崔子季珪述初賦曰想黄公
於邳圯勤魚石於彭城即是縣也孟康曰舊名江
陵為南楚陳為楚東彭城為西楚文穎曰彭城故
東楚也項羽都謂之西楚漢祖定天下以為楚郡
封弟交為楚王都之宣帝地節元年更為彭城郡
王莽更之曰和樂郡也徐州治城內有漢司徒 袁

安魏中郎徐庚等數碑並列植於街右咸曾為楚
相也大城之内有金城東北小城劉公更開廣之皆
壘石高四丈列壍環之小城西又一城是大司馬
琅邪王所修因項羽故臺經始即構宮觀門閣惟
新厥制儀熙十二年霖雨驟澍汴水暴長城遂崩
壞冠軍將軍彭城劉公之子也登更築之悉以塼
壘完壯堅峻樓櫓赫奕南北所無宋平北將軍徐
州刺史河東薛安都舉城歸魏魏遣博陵公尉苟
仁城陽公孔伯恭援之邑閣如初觀不異昔自後
毀撤一時俱盡間遺工雕鏤尚存龍雲遅勢奇為
精妙矣城之東北角起層樓於其上號曰彭祖樓

地理志曰彭城縣古彭祖國也世本曰陸終之子其三曰籛是為彭祖彭祖城是也下曰彭祖冢彭祖長年八百綿壽永世於此有冢蓋亦元極之化矣其樓之側沵帶泗東此為二水之會也聳望川原極目清野斯為佳處矣

水經卷第二十三